EMPREENDEDORISMO

LUIZ DOS SANTOS LINS

EMPREENDEDORISMO

Uma Abordagem Prática e Descomplicada

SÃO PAULO
EDITORA ATLAS S.A. – 2015

© 2014 by Editora Atlas S.A.

Capa: Leonardo Hermano
Composição: Lino-Jato Editoração Gráfica

Dados Internacionais de Catalogação na Publicação (CIP)
(Câmara Brasileira do Livro, SP, Brasil)

Lins, Luiz dos Santos
Empreendedorismo: uma abordagem prática e descomplicada / Luiz dos Santos Lins. – São Paulo : Atlas, 2015.

Bibliografia.
ISBN 978-85-224-9395-1
ISBN 978-85-224-9396-8 (PDF)

1. Administração de empresas 2. Empreendedorismo 3. Plano de negócios I. Título.

14-10088
CDD-658.421

Índice para catálogo sistemático:

1. Empreendedorismo : Administração de empresas 658.421

TODOS OS DIREITOS RESERVADOS – É proibida a reprodução total ou parcial, de qualquer forma ou por qualquer meio. A violação dos direitos de autor (Lei nº 9.610/98) é crime estabelecido pelo artigo 184 do Código Penal.

Depósito legal na Biblioteca Nacional conforme Lei nº 10.994, de 14 de dezembro de 2004.

Impresso no Brasil/*Printed in Brazil*

Editora Atlas S.A.
Rua Conselheiro Nébias, 1384
Campos Elísios
01203 904 São Paulo SP
011 3357 9144
atlas.com.br

SUMÁRIO

Apresentação, vii

Parte I – Antes de Iniciar uma Atividade Empresarial, 1

1 Considerações iniciais, 3
    1.1 Introdução, 3
    1.2 Considerações iniciais e básicas de um negócio, 5
    1.3 Exercícios de fixação, 16

2 Avaliando um futuro negócio, 18
    2.1 Planejamento empresarial, 19
        2.1.1 Planejamento estratégico, 20
        2.1.2 Planejamento operacional e financeiro, 23
        2.1.3 Planejamento de vendas e marketing, 26
    2.2 Exercícios de fixação, 32

3 Entendendo os principais conceitos e demonstrativos contábeis, 33
    3.1 Entendendo os principais conceitos e demonstrativos contábeis, 33
    3.2 Principais demonstrativos contábeis, 37
        3.2.1 Balanço Patrimonial (BP), 37
        3.2.2 Demonstração do Resultado do Exercício (DRE), 40
        3.2.3 Demonstração do Fluxo de Caixa (DFC), 43
    3.3 Conceitos contábeis básicos, 44
    3.4 Exercícios de fixação, 48

Parte II – Depois de Começar uma Atividade Empresarial, 51

4 Entendendo regime de tributação, 53
    4.1 Simples, 53

vi Empreendedorismo • Lins

4.2 Lucro presumido, 58
4.3 Lucro real, 59
4.4 Outros tributos, 61
4.5 Exercícios de fixação, 68

5 Entendendo os custos empresariais, 70
5.1 Conceitos básicos de custos, 71
5.2 Margem de contribuição, 76
    5.2.1 Margem de contribuição com fator de restrição, 80
5.3 Ponto de equilíbrio, 82
    5.3.1 Ponto de equilíbrio para mais de um produto, 85
5.4 Exercícios de fixação, 87

6 Entendendo a gestão financeira, 93
6.1 Estabelecimento do preço de venda: a vista e a prazo, 94
    6.1.1 Fixação de preços com base em custos, 96
    6.1.2 Preços com base no retorno sobre os investimentos, 99
6.2 Análise de evolução e desempenho do negócio, 101
    6.2.1 Análise de evolução, 101
        6.2.1.1 Avaliação horizontal e vertical, 101
    6.2.2 Análise de desempenho, 111
    6.2.3 Análise de retornos, 116
6.3 Exercícios de fixação, 119

7 Entendendo controles internos e auditoria interna, 123
7.1 Controles internos, 123
    7.1.1 Controles internos por áreas, 126
7.2 Auditoria interna, 130
7.3 Exercícios de fixação, 132

8 Estudos de casos, 134
8.1 Planejamento de negócios (Capítulos 1 e 2), 134
8.2 Contabilidade e tributos (Capítulos 3 e 4), 140
8.3 Custos (Capítulo 5), 143
8.4 Gestão financeira (Capítulo 6), 146
8.5 Auditoria e controles internos (Capítulo 7), 151

Referências, 155

APRESENTAÇÃO

Este livro é fruto da minha experiência em consultorias empresariais e nas aulas dos cursos de pós-graduação para não contadores. Aos meus clientes e alunos, meu muito obrigado!

Neste sentido, o objetivo do livro é apresentar aos novos ou futuros empreendedores uma visão geral de como gerir adequadamente uma empresa, notadamente as de pequeno ou médio portes. São listados alguns cuidados básicos que precisam ser observados pelos empreendedores de forma a que não cometam erros básicos que possam comprometer a continuidade do seu negócio.

Ressalte-se não ser intenção do livro esgotar o assunto "empreendedorismo". Nesse sentido, os tópicos abordados são apresentados da forma mais didática possível, sem maiores aprofundamentos para um melhor entendimento.

O livro está estruturado em duas partes e oito capítulos.

Na Parte I são abordados os principais aspectos a serem considerados antes de iniciarmos uma atividade empresarial. Nesse sentido, está dividido nas seguintes partes: Introdução; Avaliando um futuro negócio; Entendendo os principais conceitos e demonstrativos contábeis.

Na Parte II são abordados os principais aspectos após o início das atividades empresariais. Nesse sentido, está dividido da seguinte forma: Regimes de tributações; Noções de custos empresariais; Noções de gestão financeira; Noções de controles internos e auditoria e Estudos de casos.

Ao final de todos os capítulos são apresentados alguns exercícios de fixação e no último capítulo são apresentados alguns estudos de casos.

O livro busca sempre usar uma linguagem não técnica, de forma a ser de fácil entendimento para todos os leitores, contadores e principalmente não contadores, tais como administradores, advogados, médicos, engenheiros etc.

Para a aplicação do livro em sala de aula, o último capítulo é dedicado ao estudo de casos relacionados a cada capítulo, de forma que o professor possa exercitar com a turma os conhecimentos adquiridos. Além disso, ao final de cada capítulo são apresentados exercícios de fixação.

PARTE I

Antes de Iniciar uma Atividade Empresarial

A Parte I é destinada aos futuros empreendedores. Seu objetivo é informar e principalmente alertar sobre os principais aspectos iniciais, básicos e fundamentais a serem considerados em quaisquer tipos de atividades empresariais. Nesse sentido, destina-se, portanto, para aqueles empreendedores que estão estudando a viabilidade econômico-financeira de investir em uma atividade empresarial.

Ressalte-se que a Parte I foi elaborada considerando que o empreendedor vai participar direta e ativamente da rotina da empresa.

1

CONSIDERAÇÕES INICIAIS

Objetivos do capítulo

O objetivo deste capítulo é apresentar ao futuro empreendedor as informações necessárias para que se possa planejar adequadamente antes de iniciar uma atividade empresarial. Aborda desde as considerações, advertências e cuidados básicos que devem ser observados, até os principais aspectos da abertura e legalização da empresa.

1.1 Introdução

Nosso objetivo inicial é dar uma visão geral no ambiente empresarial para novos possíveis empresários. Em primeiro lugar, comecemos pela recomendação mais básica possível: prepare-se para muito, mas muito trabalho! Um negócio, em sua fase inicial, é como um filho recém-nascido, precisa de toda atenção, o maior tempo possível.

Muitos contratempos e os respectivos ajustes demandarão atenção total e, por conseguinte, muito tempo do empreendedor. Alguns poucos exemplos: o fornecedor não entrega na data prevista e a empresa fica sem estoque; o funcionário responsável por uma tarefa importante não veio trabalhar; faltou água e/ou luz; um equipamento fundamental no processo produtivo quebrou; o ar-condicionado deixou de funcionar no auge do verão etc. Essas são apenas algumas situações com que o empresário poderá se confrontar no dia a dia do seu negócio.

Você talvez esteja pensando agora:

– Como eu posso evitar esses problemas?

A resposta?

– Não, não pode!

O que o empresário deve, obrigatoriamente, é tentar prever e mitigar os efeitos danosos desses problemas. Se o empresário tem consciência da possibilidade de ocorrência desses contratempos, ele deve ter sempre um plano B para colocar imediatamente em ação quando tais fatos ocorrem.

Alguns poucos exemplos de possíveis planos B:

1) Nunca tenha apenas um fornecedor cadastrado. É importante ter sempre que possível no mínimo entre quatro a dez fornecedores cadastrados para cada tipo de mercadoria ou insumo de produção.

2) Nunca apenas um funcionário pode ter conhecimento exclusivo sobre o manuseio de uma máquina importante. Deve-se sempre fazer rodízios de forma que todos tenham noção de, ao menos, saber como ligar, desligar e utilizar a máquina nas tarefas mais básicas. Em qualquer caso, o empreendedor deve saber manusear todas as máquinas e equipamentos do estabelecimento.

3) Se o estabelecimento usa muita água, é importante manter contato com alguns caminhões-pipa para atendimento imediato no caso de uma emergência de falta de água.

4) Se o empreendimento usa muita energia elétrica, é importante dispor de um gerador ou ter bons contatos com fornecedores de geradores para casos de emergência.

5) Um serviço de manutenção é sempre interessante, principalmente quando as máquinas e equipamentos já têm alguns anos de uso.

6) Mantenha sempre uma boa apólice de seguro. Prevenir é sempre melhor que remediar como já diziam os mais velhos.

Não é objetivo deste livro esgotar o assunto empreendedorismo, uma vez que entendemos ser muito amplo e com peculiaridades inerentes a cada segmento das atividades empresariais, nem muito menos estimular ou desestimular nenhum atual ou futuro empreendedor.

O objetivo é apenas tentar demonstrar os principais aspectos de um empreendimento atual ou futuro, com os pés no chão e sem considerações de cunho emocional, muito comuns nos novos empreendedores. Essas questões de cunho emocional são tão importantes que alguns futuros empresários ficam tão ansiosos e ligados emocionalmente nos seus empreendimentos e/ou criam tantas expectativas de sucesso, que se esquecem de alguns cuidados básicos e fundamentais para o melhor desempenho e, por conseguinte, a continuidade do seu negócio.

Aquela estória de que basta apenas "uma câmera na mão e uma ideia na cabeça" para que se possa fazer um bom filme é uma grande mentira! Além da câmera e da boa ideia são necessários diversos outros recursos, inclusive e principalmente, financeiros. Afinal, gratuito para você só as suas ideias!

De verdade mesmo nesta estória apenas a necessidade de uma boa ideia para que se possa fazer qualquer atividade produtiva com alguma possibilidade de sucesso e, por conseguinte, retorno financeiro.

Abrir e manter uma atividade comercial pode demandar rotinas complexas, muito trabalhosas e que requerem diversas qualidades do empreendedor. Algumas dessas qualidades são natas e outras podem e devem ser adquiridas e desenvolvidas com muito treinamento, dedicação e empenho no aprendizado.

1.2 Considerações iniciais e básicas de um negócio

Iniciar qualquer atividade comercial com fins lucrativos no Brasil requer do futuro empreendedor alguns conhecimentos, virtudes e características básicas e fundamentais.

São alguns exemplos:

- ✓ Pleno conhecimento das atividades operacionais que irá executar => Esse conhecimento não se limita apenas ao gerenciamento administrativo ou financeiro. O bom empreendedor deve saber fazer num primeiro momento, todas, eu disse todas, as funções de seus funcionários de forma a poder substituí-los, em casos excepcionais, sem nenhum comprometimento do trabalho como um todo. Por exemplo, se a atividade for uma cafeteria, o empreendedor deve ser capaz de elaborar e servir qualquer tipo de café que esteja oferecido no cardápio. Deve ainda conhecer profundamente o assunto "café" a ponto de poder conversar com qualquer pessoa, com o conhecimento dos detalhes e peculiaridades dos seus produtos. Outro exemplo é salão de cabeleireiro. O empreendedor deve saber tudo sobre cabelo: corte, pintura, luzes, escova etc. a ponto de poder substituir e/ou orientar o trabalho de qualquer funcionário.

Não deve também ficar constrangido em limpar o chão, lavar pratos, ajudar um funcionário a carregar uma caixa etc. Afinal, está trabalhando para si mesmo! Importante ressaltar ainda que essa participação do dono nas atividades do empreendimento não deve atrapalhar o andamento do serviço, uma vez que, de maneira geral, o funcionário com experiência tem muito mais habilidade de executar tarefas específicas que o empreendedor. Portanto, se não for para ajudar, não atrapalhe!

✓ Conhecimentos básicos da legislação trabalhista => Um empreendedor deve ter algum conhecimento da legislação trabalhista em vigor. Saber os direitos dos funcionários e suas obrigações para com eles pode evitar fortes "dores de cabeças" futuras. Por exemplo, valor das horas extras, custos trabalhistas sobre a folha de pagamento (FGTS, INSS, férias, décimo terceiro etc.), acordos com sindicato da categoria, desembolsos no caso de demissões com e sem justa causa, horário de trabalho etc. Ressalte-se também que em geral para cada $ 100 pagos aos funcionários, a empresa paga mais cerca de $ 77 em encargos e demais direitos trabalhistas. Outro ponto importante é documentar tudo, uma vez que na possibilidade de futuras ações trabalhistas movidas por funcionários contra a empresa, os tribunais, em caso de dúvidas, costumam sempre ser mais favoráveis aos funcionários do que aos patrões.

✓ Relacionar-se bem com funcionários[1] => Além de dinheiro, qualquer pessoa que trabalha gosta e necessita de elogios, bem como o reconhecimento do seu empenho, dedicação e habilidades. Nesse sentido, o empreendedor deve fazer sempre com que seus funcionários saibam

---

[1] Em algumas atividades é possível e muito importante que todos os chefes e/ou gerentes tenham alcançado esses cargos vindos de posições iniciais mais modestas.

que ele reconhece os esforços e se preocupa com a equipe de forma que essa se sinta como pessoas importantes para a empresa. Nesse sentido, crie cargos de chefia que seriam dados aos mais dedicados/capacitados. Distribua prêmios/brindes. Não precisam ser prêmios muito caros. Trata-se apenas de um diferencial entre os funcionários. Pode ser, por exemplo, apenas uma cesta básica. É fundamental ainda que os funcionários vejam o empreendedor como um exemplo de pessoa justa, honesta e cordial. Por outro lado, se o empreendedor não consegue estabelecer a dose certa de cortesia e bondade, pode ser encarado pelos funcionários como um chefe "banana", sem autoridade e atitude. Nesse sentido, é sempre muito importante saber a diferença entre chefia e liderança para que seja, no mínimo, respeitado. Muitos empreendedores são chefes, mas poucos são líderes. Chefes são seguidos por questões de hierarquia e/ou temor de demissão e líderes são seguidos pelo carisma e poder de persuasão. Ressalte-se que em todas as situações o chefe ou líder deve ser sempre justo e coerente nas suas atitudes!

Outros pontos importantes dentro desse tópico:

a) pague os salários rigorosamente em dia;

b) se você marcou uma data, por exemplo, dia 2 de cada mês, essa será a data definitiva do pagamento. Mesmo que a legislação permita pagar até o quinto dia útil, o empresário não pode ficar alternando as datas, mesmo que respeitando o limite legal do quinto dia útil. O fato de não ter uma data fixa de pagamento cria uma tensão entre os funcionários completamente desnecessária. Marcada a data, essa deverá ser cumprida à risca;

c) pague e garanta todos os benefícios legais;

d) sempre que possível pague acima dos seus concorrentes. Você terá provavelmente os melhores funcionários do mercado batendo a sua porta querendo trabalhar na sua empresa;

Por exemplo, é importante que o funcionário que começa na atividade serviços gerais, saiba que o seu chefe também começou nessa função e conseguiu chegar à chefia. Esse fato, por si só, é um importante fator motivacional.

e) sempre que possível, proporcione outros benefícios aos funcionários, além daqueles obrigatórios por lei. Lembre-se que a empresa também tem uma função social importante e é composta de gente que tem sentimentos, problemas e expectativas;

f) de maneira geral, todos os funcionários se orgulham em trabalhar em empresas de boa reputação, bons salários, com bom ambiente de trabalho, mesmo que muito exigentes. Em geral esses funcionários se sentem os melhores e, acima de tudo, mais valorizados, sabendo que muitas outras pessoas gostariam de estar nos seus lugares.

Em suma, procure tratar sempre seu funcionário da melhor forma possível, ou seja, no mínimo, trate-os sempre da mesma forma como gostaria de ser tratado, até porque seu cliente normalmente tem mais contato com ele do que com você e, com absoluta certeza, não é bom ter um funcionário insatisfeito atendendo seus clientes.

✓ Contratar parentes => Quando um empreendedor abre um negócio, logo chega aquele parente pedindo para contratar um filho ou um sobrinho. Tem ainda aquele primo problemático que está sem trabalhar há muito tempo e que a família quer "empurrar" para que seja contratado e por aí vai. Um conselho: Não contrate! É problema garantido, por exemplo, nas seguintes situações:

a) o parente acha que é chefe e quer mandar nos demais funcionários;

b) o parente acha que tem que ganhar mais que os outros. Afinal, é da família!

c) o parente acha que não precisa cumprir os horários. Afinal, é da família!

d) o parente acha que sabe mais que o empreendedor e, além disso, vive dando "sugestões", normalmente inúteis, para poder dizer que está ajudando no negócio!

Ou seja, evite contratar parentes como funcionários. Entretanto, se a pressão da família for muito forte e não tiver jeito, arranje aquela função "importante" que o mantenha ocupado e longe, de forma que ele não atrapalhe o bom andamento do trabalho.

> **Nota:**
>
> Certa vez em uma consultoria de gestão, o empreendedor começou a trabalhar com o filho. A ideia do dono era justificar a mesada que pagava ao filho e também para ensinar ao filho que ele tem que "ganhar o seu dinheiro com o suor do rosto". Para resumir a estória, no meu relatório sugeri que o pai-empreendedor continuasse a pagar a mesada do filho, mas o afastasse imediatamente da gestão da empresa sob pena de problemas sérios no relacionamento com os funcionários, principalmente, com as mulheres. Além disso, a suposta "colaboração" do filho na empresa não atendia à velha relação "custo × benefício".

✓ Conhecimentos básicos dos trâmites burocráticos para a abertura da empresa => Abrir uma empresa no Brasil ainda é uma *via crucis*. Entretanto, com paciência é possível sim o empreendedor fazer todo o processo sozinho, bastando seguir o passo a passo que pode ser obtido, por exemplo, no *site* do Sebrae e que está reproduzido parcialmente no quadro abaixo:

Quadro 1 – Abertura de empresas

> **Guia prático para o registro de empresas**
>
> *Caminhos e dicas para tornar esse momento empresarial menos complicado*
>
> Para uma micro ou uma pequena empresa exercer suas atividades no Brasil, é preciso, entre outras providências, ter registro na prefeitura ou na administração regional da cidade onde ela vai funcionar, no Estado, na Receita Federal e na Previdência Social. Dependendo da atividade, pode ser necessário também o registro na Entidade de Classe, na Secretaria de Meio Ambiente e outros órgãos de fiscalização. A seguir, mostraremos caminhos e daremos dicas para tornar esse momento empresarial menos complicado.
>
> **Na Junta Comercial ou Cartório de Registro de Pessoa Jurídica**
>
> O registro legal de uma empresa é tirado na Junta Comercial do Estado (no caso de empresas comerciais e industriais) ou no Cartório de Registro de

Pessoa Jurídica (no caso de empresas prestadoras de serviços). Para as pessoas jurídicas, esse passo é equivalente à obtenção da Certidão de Nascimento de uma pessoa física. A partir desse registro, a empresa existe oficialmente – o que não significa que ela possa começar a operar.

Para fazer o registro é preciso apresentar uma série de documentos e formulários que podem variar de um Estado para o outro. Citamos os mais comuns:

– Contrato Social;

– Documentos pessoais de cada sócio (no caso de uma sociedade).

O Contrato Social é a peça mais importante do início da empresa, e nele devem estar definidos claramente os seguintes itens:

– Interesse das partes;

– Objetivo da empresa;

– Descrição do aspecto societário e a maneira de integralização das cotas.

Para ser válido, o Contrato Social deverá ter o visto de um advogado. As microempresas e empresas de pequeno porte são dispensadas da assinatura do advogado, conforme prevê o Estatuto da Micro e Pequena Empresa.

Ainda na Junta Comercial ou no Cartório, deve-se verificar se há alguma outra empresa registrada com o nome pretendido. Geralmente é necessário preencher um formulário próprio, com três opções de nome. Há Estados que já oferecem esse serviço pela Internet.

Se tudo estiver certo, será possível prosseguir com o arquivamento do ato constitutivo da empresa, quando geralmente serão necessários os documentos:

– Contrato Social ou Requerimento de Empresário Individual ou Estatuto, em três vias;

– Cópia autenticada do RG e CPF do titular ou dos sócios;

– Requerimento Padrão (Capa da Junta Comercial), em uma via;

– FCN (Ficha de Cadastro Nacional) modelo 1 e 2, em uma via;

– Pagamento de taxas através de DARF.

Os preços e prazos para abertura variam de Estado para Estado. Para isso, o ideal é consultar o *site* da Junta Comercial do Estado em que a empresa estiver localizada.

Registrada a empresa, será entregue ao seu proprietário o NIRE (Número de Identificação do Registro de Empresa), que é uma etiqueta ou um carimbo, feito pela Junta Comercial ou Cartório, contendo um número que é fixado no ato constitutivo.

CNPJ

Com o NIRE em mãos, chega a hora de registrar a empresa como contribuinte, ou seja, de obter o CNPJ.

O registro do CNPJ é feito exclusivamente pela Internet, no *site* da Receita Federal por meio do *download* de um programa específico. Os documentos necessários, informados no *site*, são enviados por *sedex* ou pessoalmente para a Secretaria da Receita Federal, e a resposta é dada também pela Internet.

Ao fazer o cadastro no CNPJ, é preciso escolher a atividade que a empresa irá exercer. Essa classificação será utilizada não apenas na tributação, mas também na fiscalização das atividades da empresa. Lembre-se que nem todas as empresas podem optar pelo Simples, principalmente as prestadoras de serviços que exigem habilitação profissional. Portanto, antes de fazer sua inscrição no CNPJ, consulte os tipos de empresa que não se enquadram no Simples.

Alvará de Funcionamento

Com o CNPJ cadastrado, é preciso ir à prefeitura ou administração regional para receber o alvará de funcionamento. O alvará é uma licença que permite o estabelecimento e o funcionamento de instituições comerciais, industriais, agrícolas e prestadoras de serviços, bem como de sociedades e associações de qualquer natureza, vinculadas a pessoas físicas ou jurídicas. Isso é feito na prefeitura ou na administração regional ou na Secretaria Municipal da Fazenda de cada município. Geralmente, a documentação necessária é:

- Formulário próprio da prefeitura;

- Consulta prévia de endereço aprovada;

- Cópia do CNPJ;

- Cópia do Contrato Social;

- Laudo dos órgãos de vistoria, quando necessário.

Inscrição Estadual

Já o cadastro no sistema tributário estadual deve ser feito junto à Secretaria Estadual da Fazenda. Em geral, ele não pode ser feito pela Internet, mas isso varia de Estado para Estado. Atualmente, a maioria dos Estados possui convênio com a Receita Federal, o que permite obter a Inscrição Estadual junto com o CNPJ, por meio de um único cadastro.

A Inscrição Estadual é obrigatória para empresas dos setores do comércio, indústria e serviços de transporte intermunicipal e interestadual. Também estão incluídos os serviços de comunicação e energia. Ela é necessária para a obtenção da inscrição no ICMS (Imposto sobre Circulação de Mercadorias e Serviços), e em geral a documentação pedida para o cadastro é:

- DUC (Documento Único de Cadastro), em três vias;

- DCC (Documento Complementar de Cadastro), em 1 via;

- Comprovante de endereços dos sócios, cópia autenticada ou original;

- Cópia autenticada do documento que prove direito de uso do imóvel, como, por exemplo, o contrato de locação do imóvel ou escritura pública do imóvel;

- Número do cadastro fiscal do contador;

- Comprovante de contribuinte do ISS, para as prestadoras de serviços;

- Certidão simplificada da Junta (para empresas constituídas há mais de três meses);

- Cópia do ato constitutivo;

- Cópia do CNPJ;

– Cópia do alvará de funcionamento;

– RG e CPF dos sócios.

Observação: em alguns Estados a inscrição estadual deve ser solicitada antes do alvará de funcionamento.

Cadastro na Previdência Social

Após a concessão do alvará de funcionamento, a empresa já está apta a entrar em operação. No entanto, ainda faltam duas etapas fundamentais para o seu funcionamento. A primeira é o cadastro na Previdência Social, independente de a empresa possuir funcionários.

Para contratar funcionários, é preciso arcar com as obrigações trabalhistas sobre eles. Ainda que seja um único funcionário, ou apenas os sócios inicialmente, a empresa precisa estar cadastrada na Previdência Social e pagar os respectivos tributos. Assim, o representante deverá dirigir-se à Agência da Previdência de sua jurisdição para solicitar o cadastramento da empresa e seus responsáveis legais. O prazo para cadastramento é de 30 dias após o início das atividades.

Aparato fiscal

Agora resta apenas preparar o aparato fiscal para que seu empreendimento entre em ação. Será necessário solicitar a autorização para impressão das notas fiscais eletrônicas e a autenticação de livros fiscais eletrônicos. Isso é feito na prefeitura de cada cidade. Empresas que pretendam dedicar-se às atividades de indústria e comércio deverão ir à Secretaria de Estado da Fazenda. No caso do Distrito Federal, independente do segmento de atuação da empresa, esta autorização é emitida pela Secretaria de Fazenda Estadual.

Uma vez que o aparato fiscal esteja pronto e registrado, sua empresa pode começar a operar legalmente. Antes, no entanto, certifique-se que tudo ocorreu bem durante os procedimentos anteriores. Se estiver tudo certo, basta tocar o seu negócio adiante.

Fonte: Guia Sebrae. Adaptado de <http://www.sebrae.com.br/momento/quero-abrir-um-negocio/vou-abrir/registre-empresa/formalize/bia-14/BIA_14>.

Caso o empreendedor não queira, não se julgue apto para fazer ou ainda não tenha tempo para executar as tarefas listadas acima, é possível contratar um contador que poderá fazer todo esse processo com eficácia e por preços razoáveis.

✓ Conhecimentos básicos da legislação tributária do seu segmento => É muito importante saber a carga tributária que incide sobre o seu negócio, ou seja, quanto custa, em média, cada nota fiscal emitida. Com esta ideia de valor e conhecendo o total médio das despesas mensais, é possível projetar o resultado no final do mês com razoável possibilidade de acerto. Nesse caso, durante o mês, o empreendedor sabe se necessitará fazer algum tipo de ajuste, como, por exemplo, promover propagandas e/ou liquidações de forma a alcançar o volume de vendas necessário para o mês.

✓ Conhecimento das operações bancárias => Todo empreendedor precisa manter quase que obrigatoriamente um bom relacionamento com bancos. Essa relação é necessária em diversas circunstâncias, tais como depósito em conta-corrente das vendas a vista, para o recebimento das vendas em cartões (débito/crédito), serviços de cobrança, empréstimos etc.

Ressalte-se que, assim como qualquer pessoa física, o empreendedor deve evitar a todo custo utilizar o cheque especial, bem como não pagar o cartão de crédito integralmente no vencimento. Os juros cobrados nessas modalidades de empréstimos são totalmente fora da realidade, os mais caros do mercado! Nesse sentido, caso o empreendedor necessite de um reforço no caixa deve optar primeiramente por recursos próprios (fazendo um empréstimo da pessoa física para a pessoa jurídica ou um aumento do capital social). Caso não possa utilizar essa opção, deve-se contratar um empréstimo formal junto ao banco. Em suma, não é uma atitude inteligente utilizar o cheque especial ou não pagar o cartão de crédito integralmente.

✓ Cliente => Tem um velho ditado que diz: "o cliente tem sempre razão". Também já ouvi uma derivação desse ditado: "o cliente tem sempre razão mesmo não tendo toda razão". Esse ditado, em qualquer versão, é a pura verdade. Afinal, em última análise é o seu cliente quem paga as suas contas! Portanto, trate-o da melhor forma possível. Se você não tem habilidade para tratar com situações críticas envolvendo clientes, contrate um funcionário especialmente para isso com todas as habilidades necessárias para a função. Entretanto, só dê razão ao seu cliente se ele a tiver de fato. Se o cliente não tiver nenhuma razão na reclamação/solicitação, por mais que isso possa prejudicar as suas vendas, não ceda! O cliente vai perceber que a empresa é séria, justa e trabalha rigorosamente dentro dos princípios da lei.

✓ Criatividade/Inovação => Numa atividade empresarial, a acomodação pode ser bem prejudicial para o empreendedor. É importante buscar sempre a melhoria dos procedimentos no negócio, desde o processo produtivo até o atendimento ao cliente. Sempre é possível melhorar! Mas atenção: cuidado para não afetar a qualidade dos produtos e/ou atendimento! Muitos empreendedores, por exemplo, para reduzir custos, utilizam-se de matéria-prima de baixa qualidade ou trabalham com um número insuficiente de funcionários, o que compromete a qualidade do atendimento. Uma sugestão interessante é convocar os funcionários a darem sugestões de melhorias para toda a empresa. Aquelas sugestões aceitas e implementadas dariam ao funcionário algum "bônus", por exemplo, uma cesta básica um bônus financeiro ou um final de semana com tudo pago na praia.

✓ Consultoria => Muitos futuros empreendedores costumam contratar um consultor indicado por um amigo que é muito bom e que vai dar dicas importantes para o negócio ter sucesso. Ter a assessoria de um especialista é sempre muito bem-vinda. Mas lembre-se de que o consultor não vai usar o dinheiro dele no negócio! Ou seja, o risco do consultor é zero! Nesse sentido, desconfie de cenários fantásticos e de sucesso absoluto que possam ser apresentados pelo consultor para o seu futuro empreendimento. Normalmente esses consultores têm o dom da palavra e, por conseguinte, são muito convincentes. Ou seja, sabem "vender muito bem o seu peixe". Em suma, tenha sempre os pés no chão. Além disso, assim como um médico, advogado ou contador, o consultor precisa ser da sua inteira confiança. Na dúvida da capacidade do seu consultor é melhor não contratar. Espere, estude, analise mais. Finalmente, lembre-se de que para as diversas estórias de sucesso que são apresentadas pelos consultores e mesmo na mídia em geral, tem outras tantas de fracassos que não são divulgadas.

16 Empreendedorismo • Lins

✓ Paciência => Até que o negócio comece a ser conhecido pelos primeiros clientes e dar frutos, normalmente é necessário algum tempo. Por esse motivo, além do capital de giro[2] para aguentar esse período de maturação do negócio, é preciso paciência, tanto para lidar com os contratempos listados na introdução, bem como para esperar o sucesso. Muitos empreendedores não conseguem esperar e acabam passando o negócio para frente e, na maioria dos casos, com altos prejuízos ou simplesmente fechando. Daí a necessidade de um bom planejamento estratégico que possibilite ter ciência desses prazos e estabelecer um capital de giro adequado para este período inicial do negócio.

✓ Sorte => Sempre é bom ter um pouco de sorte em qualquer situação. Entretanto, na atividade comercial esta sorte só vem para quem se dedica muito e trabalha duro! Não há sorte nas atividades empresariais, sem uma grande dose de dedicação, paciência, esforço, competência, serenidade e planejamento.

Atenção:

Em toda profissão há o competente e o incompetente, o bom e o mau caráter. Nesse sentido, recomenda-se nunca deixar exclusivamente a cargo do escritório de contabilidade o pagamento dos tributos e encargos trabalhistas. Com essa medida simples, evitam-se possíveis atrasos e esquecimentos que podem causar sérios transtornos futuros ao empreendedor. Portanto, solicite ao contador que mande os boletos bancários, mesmo que por Internet, para que você possa efetuar os pagamentos, enviando depois os documentos pagos para que o contador possa efetuar a contabilização.

1.3 Exercícios de fixação

a) Em sua opinião, que características pessoais do empreendedor podem prejudicar o negócio e quais características são benéficas?

---

[2] Esse termo será apresentado em maiores detalhes mais adiante.

b) Para as atividades comerciais listadas abaixo, identifique possíveis problemas que poderão ser enfrentados pelo novo empreendedor em seu dia a dia e suas soluções para mitigar tais acontecimentos:

⇨ Restaurante.

⇨ Papelaria.

⇨ Clínica médica (com emergência e internação).

⇨ Construção civil.

⇨ Clínica veterinária.

c) Que sugestões você daria para melhorar o processo de abertura de empresas no Brasil?

d) Considerando as virtudes e características básicas e fundamentais do empreendedor listadas nas páginas 14 e 15, em sua opinião, quais as mais importantes? Liste-as em ordem de importância. Justifique a sua resposta.

2

AVALIANDO UM FUTURO NEGÓCIO

Objetivos do capítulo

O objetivo deste capítulo é possibilitar ao leitor noções da análise da viabilidade de um negócio. Aborda noções de planejamento empresarial, desde o planejamento estratégico até o planejamento de vendas e marketing. Aborda ainda os dez pecados capitais que costumam causar grandes dores de cabeça ao futuro empreendedor, quando não devidamente considerados no negócio.

Dois amigos resolvem ir de barco do Rio de Janeiro para Alagoas. Alugam um barco a motor e partem na aventura. Um dia após o início da viagem se perdem porque não levaram um GPS nem um rádio transmissor, pois confiavam na larga experiência em navegação de um deles. Algum tempo depois acabou a gasolina e ficaram à deriva. Dois dias a mais, já sem mantimentos e água, foram resgatados por um outro barco.

Moral da estória: sem planejamento, qualquer atividade, por mais simples que seja, tende a dar errado!

Para gerenciar e principalmente antes de abrir uma atividade comercial com fins lucrativos, é fundamental conhecer uma palavra-chave importantíssima: PLANEJAMENTO!

O que seria um planejamento? Sem pretender buscar uma definição clássica ou acadêmica, nem muito menos esgotar o assunto, planejar, para os objetivos deste livro, pode ser definido como antecipar, prever, projetar, orçar. Enfim, procurar identificar com antecedência todas as variáveis positivas e negativas que poderão afetar a atividade que o empreendedor irá exercer e seus possíveis efeitos econômico-financeiros.

Por exemplo, quantas pessoas passam pelo local onde se pretende abrir um negócio? Qual o valor médio do aluguel do local? Qual o preço dos móveis, instalações e máquinas que serão necessários para abrir o negócio? Qual o preço de venda médio praticado pelos concorrentes? Quanto disponho para investir sem precisar recorrer a empréstimos? Etc.

Enfim, são diversos questionamentos que precisam ser feitos e respondidos pelo planejamento ANTES de se começar um negócio.

2.1 Planejamento empresarial[1]

Conforme já ressaltado anteriormente, não temos o objetivo neste livro de utilizar termos acadêmicos ou muito técnicos. Assim, procuraremos utilizar uma linguagem simples e objetiva e só utilizando termos técnicos quando esses forem imprescindíveis para um melhor entendimento.

O planejamento empresarial visa simular, antecipar acontecimentos futuros. Nesse sentido, consiste em um conjunto de subplanejamentos que se completam, tais como:

- ✓ Planejamento estratégico.
- ✓ Planejamento operacional e financeiro.
- ✓ Planejamento de venda e marketing.

Com a utilização dessas ferramentas no início do processo de análise da viabilidade de negócio, o futuro empreendedor pode obter todas as informações disponíveis e necessárias para projetar e compreender o máximo de situações que poderá enfrentar durante as suas futuras atividades, principalmente no início dessas.

---

[1] Também conhecido por algumas pessoas com Plano de Negócios.

2.1.1 Planejamento estratégico

O planejamento estratégico é o mais geral e abrangente e comumente compreende o médio e longo prazos.

De forma bem simplificada e geral, o planejamento estratégico procura responder à seguinte pergunta:

Qual o nível de crescimento da minha empresa daqui a cinco, dez ou vinte anos?

Essa avaliação/projeção futura é fundamental para o empreendedor, haja vista que possíveis e rotineiras modificações nos cenários econômicos, cenários políticos, tanto nacionais e internacionais, acontecem de forma muito rápida e podem afetar direta ou indiretamente o empreendedor, e, em alguns casos, de forma dramática.

São exemplos:

1) Se o empreendedor utiliza no seu processo produtivo e/ou comercializa produtos importados, quando o valor do dólar aumenta, ele vai pagar mais caro e vice-versa. Nesse mesmo exemplo, se o governo quiser restringir as importações poderá aumentar o imposto de importação acarretando, por conseguinte, o aumento dos custos do empreendedor.

2) Se o governo aumenta alíquota de algum tributo ou encargo trabalhista, esse fato impacta diretamente nos custos e, por conseguinte, nos preços praticados.

Em alguns casos, o repasse desses aumentos diretamente para os preços pode afetar negativamente o volume de vendas, comprometendo, por conseguinte, a lucratividade da empresa.

Por outro lado, outras considerações devem ser efetuadas. Nesse sentido é imperioso, no mínimo, efetuar também as seguintes considerações:

a) Quem seria o meu principal concorrente no segmento?

b) Quais são as suas possíveis fraquezas e virtudes?

c) Tenho condições de explorar essas fraquezas e assimilar/adaptar às suas virtudes?

Essas informações são importantes no sentido de conhecer com quem sua empresa irá competir. São dois pontos básicos: o primeiro é conhecer o principal concorrente do segmento, ou seja, aquele que lidera o segmento. Mesmo que inicialmente não seja sua intenção competir pela liderança de mercado, conhecer as virtudes e defeitos do "01" do segmento é importante.

O segundo ponto e mais importante é conhecer o concorrente que seja de porte compatível com o da sua empresa. Nesse caso, a análise deve ser mais efetiva e completa. Como dizia um famoso apresentador de televisão: "nada se cria, tudo se copia" ou ainda uma frase atribuída a outro famoso empreendedor que certa vez disse algo parecido: "se você não tem competência para criar algo novo e rentável, que tenha ao menos a coragem para tentar copiar o que já deu certo".

d) É possível a entrada de novos concorrentes agora ou em um futuro próximo?

Outra boa questão a ser respondida. Assim como você está interessado nesse segmento, diversos outros empreendedores podem estar também. Nesse sentido, o futuro empreendedor deve considerar também essa possibilidade, inclusive com um ou mais concorrentes nas proximidades do seu estabelecimento.

Lembre-se sempre que ninguém fica sozinho muito tempo em uma atividade rentável!

e) Quais os meus possíveis diferenciais positivos no segmento?

f) Quais as minhas possíveis fraquezas?

g) Tenho conhecimento técnico suficiente para a atividade que vou exercer?

Essas questões devem ser respondidas com toda sinceridade. Afinal, uma pessoa pode enganar outras, mas nunca a si mesma! Portanto, seja franco. O seu sucesso pode depender da sua franqueza nas respostas dessas questões.

Se você não consegue determinar claramente os seus diferenciais positivos e suas fraquezas ou ainda se você não domina adequadamente o seu futuro ramo de atividade, um conselho: não empreenda! Respire, espere um pouco, estude melhor a situação, pesquise, pergunte, busque novas opções. No mercado não há lugar para amadores! Muito menos perdoa erros de amadores. O mercado sempre pune todos os erros cometidos! E o preço a pagar por erros que poderiam ser evitados com um planejamento adequado costuma ser bem caro!

Respondidos esses e outros questionamentos mais específicos à atividade do empreendedor, o passo seguinte é o planejamento operacional e financeiro.

No quadro a seguir é apresentado um modelo simplificado de plano estratégico.

Quadro 2 – Exemplo simplificado de plano estratégico

Projeto:	Constituição de empresa do ramo Y
Previsão:	Março de 20XX

Pontos Positivos	Pontos Fracos
Produto com forte apelo naturalista	Aluguel caro
Produto saudável	Investimento inicial alto
Local excelente	Alguns fornecedores ainda são pouco profissionais
Diferencial:	
Excelente atendimento	
Entrega em domicílio	

Principais Concorrentes:	Pontos Fortes	Pontos Fracos
Empresa Alfa	Nome consolidado	Problemas nas entregas
Empresa Bravo	Ótimo atendimento	Não identificado
Empresa Charles	Qualidade dos produtos e serviços	Péssimo atendimento

Respondidos os questionamentos acima e ainda dentro do planejamento estratégico, uma ferramenta muito útil é o estabelecimento de possíveis cenários. Esses cenários seriam divididos em três possibilidades:

✓ Cenário pessimista.

✓ Cenário esperado.

✓ Cenário otimista.

No primeiro caso, o empreendedor estabelece o "pior dos mundos", ou seja, o que pode acontecer de pior nos primeiros anos do negócio. Nesse cenário, por exemplo, o número de clientes previsto é menor, a entrada de um ou mais concorrentes é considerada e assim por diante.

O cenário esperado é aquele que o empreendedor entende como o mais provável que aconteça de fato, conforme a consideração de todas as suas variáveis.

No último cenário o empreendedor estabelece o "melhor dos mundos", ou seja, um movimento de clientes acima do esperado e/ou a possibilidade de preços superiores aos previstos no cenário anterior etc.

2.1.2 Planejamento operacional e financeiro

Esses planejamentos – operacional e financeiro – objetivam converter em números as expectativas e cenários estabelecidos no planejamento estratégico. Nesse sentido, alguns questionamentos ainda se fazem necessários:

a) Tenho recursos financeiros suficientes para arcar com os investimentos iniciais, como, por exemplo, gastos com a abertura da empresa, compra de móveis, máquinas, treinamento de pessoal, instalações, aluguel etc.?

b) Tenho recursos financeiros para suportar o tempo de maturação do negócio?

Bom, a primeira questão é respondida com uma avaliação precisa dos recursos que serão despendidos imediatamente para o início do empreendimento.

Uma dica: é sempre conveniente acrescentar um percentual nas previsões em relação aos investimentos iniciais. Por vezes, o tempo transcorrido entre a previsão inicial e o início efetivo dos investimentos pode ser longo, o que pode acarretar possíveis variações de preços. Ou ainda que previsões de obras costumam sempre proporcionar "surpresas" desagradáveis em relação a prazos e preços inicialmente estabelecidos.

Ressalte-se ainda que depender de empréstimos bancários nessa fase inicial é um tanto quanto preocupante. Só se deve utilizar de empréstimos se não houver nenhuma dúvida do sucesso do futuro negócio. Entretanto, como essa garantia é algo quase que impossível de ser dada, é sempre muito recomendável não depender de empréstimos nessa fase inicial.

Para o segundo questionamento, é necessário avaliar corretamente os custos fixos (alguns itens da letra b no Quadro 3 a seguir), ou seja, aqueles gastos que são incorridos independentemente do volume de vendas. Em outras palavras, são gastos exigidos mesmo sem um só item vendido.

c) Qual o tíquete médio mensal e a receita esperados?

d) Quais os pagamentos estimados?

Por tíquete médio entende-se como o consumo médio por cliente. Em outras palavras, o total de clientes dividido pelo total da receita correspondente. Nesse sentido, é o primeiro questionamento a ser respondido considerando qual movimento é esperado mensalmente no estabelecimento. O poder aquisitivo dos futuros clientes também deve ser considerado.

No segundo questionamento devem ser previstos todos os gastos, fixos ou variáveis, que serão incorridos na atividade empresarial.

No quadro a seguir é apresentada uma planilha simplificada com valores hipotéticos de um planejamento financeiro.

Quadro 3 – Exemplo simplificado de planejamento financeiro

Projeto:	Constituição de empresa do ramo X	

Gastos Pré-operacionais estimados	R$
Constituição da empresa:	
Contrato social, contador, alvarás etc.	3.000
Instalações:	
Materiais, Mão de obra etc.	35.000
Móveis e Utensílios	30.000
Maquinário	45.000
Marketing	7.000
Capital de giro inicial	30.000
Total	150.000

Receitas Operacionais Mensais Estimadas	(a)
Vendas de produtos	75.000
Vendas de serviços	5.000
	80.000

Gastos Operacionais Mensais Estimados	(b)
Aluguel	6.000
Folha de pagamento (salários + encargos)	15.600
Fornecedores	20.000
Impostos e taxas	11.000
Manutenção	2.500
Pró-labore	8.000
Materiais diversos	1.500
Contador	2.000
	66.600
Lucro mensal estimado (a – b)	13.400

No exemplo hipotético e simplificado do quadro acima, o empreendedor precisaria dispor de R$ 150.000 apenas para viabilizar a abertura da empresa.

Além desse valor, precisaria ainda dispor de uma "sobra" de caixa, chamada de capital de giro, para poder ter fôlego para superar os momentos iniciais de maturação do negócio.

Mas como estimar esse valor de capital de giro? Uma possibilidade dessa estimativa seria identificar inicialmente os gastos fixos além do valor inicial para compra dos estoques com os fornecedores. No exemplo simplificado seriam R$ 66.600.

Nos meses seguintes, já com o estoque abastecido e pronto para venda, esse valor seria reduzido para R$ 36.600, ou seja, sem o valor dos fornecedores e apenas com os custos fixos propriamente ditos. Com o passar do tempo e com uma boa administração financeira, a necessidade da disponibilização desse valor pode ser bem reduzida, uma vez que um fluxo de caixa saudável pode garantir a manutenção dos recursos necessários para as atividades operacionais da empresa. Em outras palavras, em um momento mais adiante, com a adequação do fluxo de caixa de entradas e saídas, esses valores, parcialmente ou totalmente, seriam absorvidos pelos recursos gerados pelas próprias operações cotidianas, possibilitando alguma "folga" na demanda desses recursos.

2.1.3 Planejamento de vendas e marketing

Nesse subplanejamento é preciso responder adequadamente também a alguns questionamentos:

a) Quais serão as características da minha empresa quanto ao posicionamento de mercado?

É importante para qualquer empresa se posicionar bem no mercado, em outras palavras, definir uma ou mais características que deverão ser notadas/observadas pelo mercado/clientes. Por exemplo, se a empresa pretende trabalhar com produtos destinados às classes C e D terá um tipo de abordagem, localização e preços diferentes de outra empresa voltada para as classes A e B. É necessário que os clientes percebam, por exemplo, algo do tipo: preço bom e produto honesto são na loja Alfa ou ainda: o preço é alto, mas a qualidade inigualável na loja Beta.

Vamos explicar melhor: uma empresa não pode tentar vender caviar e vinhos caros e famosos em um *shopping* popular ou vender produtos de R$ 1,99 num *shopping* na zona sul do Rio de Janeiro. Ressaltamos ainda que nunca, eu disse nunca, se deve juntar essas características em um único local. Essa atitude muito possivelmente vai afugentar os dois públicos!

b) Tenho condições de praticar preços competitivos?

Sem preços competitivos é muito difícil o início de qualquer empreendimento. Uma pergunta: por que as grandes lojas costumam vender mais barato? Possível resposta: porque compram em grandes quantidades, o que lhes garante na maioria das vezes preços menores. Considerando que o novo empreendedor vai começar pequeno, é importante avaliar se os preços de venda que pretende praticar serão maiores do que os seus custos e equivalentes àqueles praticados pelo mercado.[2] Caso contrário, deve repensar seus custos e/ou o empreendimento.

c) Tenho possibilidade de manter uma boa relação/comunicação com meus clientes e fornecedores?

Como dizia o famoso comunicador: "quem não se comunica se trumbica!". Em uma atividade empresarial é muito salutar manter uma relação de cordialidade e simpatia com seus clientes e fornecedores.

É fato que uma parcela relevante das vendas é concretizada muito mais pelo talento e carisma pessoal do vendedor do que específica e propriamente pelo produto ou preço. Como de maneira geral, em um primeiro momento, esses contatos com clientes e fornecedores serão efetuados pelo empreendedor, é de suma importância saber cativar tanto clientes quanto fornecedores, principalmente este último. Afinal, uma boa venda começa sempre por uma excelente compra.

d) Tenho capacidade de utilizar diversos canais de distribuição?

Um dos canais de venda mais utilizados atualmente, e que vem crescendo ao longo do tempo, é o de vendas pela Internet. Nesse sentido, é sempre recomendável avaliar desde as vendas diretas na loja, passando pelas entregas em domicílio, até as vendas pela Internet. As vendas neste último canal podem proporcionar algumas vantagens

---

[2] Vide item 6.1 sobre custo meta.

interessantes, principalmente o menor custo, já que não existiria obrigatoriamente loja física com todos os seus custos inerentes, desde as instalações, móveis, aluguel, até à comissão dos vendedores. Finalmente é importante ressaltar que em quaisquer dos canais utilizados é fundamental a entrega dentro do menor prazo possível e previamente acertado com o cliente. Atrasos na entrega podem causar danos irreparáveis na imagem da empresa.

e) Tenho condições de manter um diferencial de pós-venda?

Uma venda bem-sucedida só se materializa em sua plenitude quando o cliente retorna e faz uma nova compra. Para as empresas comprometidas com o cliente e o bom atendimento, e com visão de longo prazo, o atendimento pós-venda é tão importante quanto a venda em si. Se em um momento inicial o empreendedor não tem tempo e/ou recursos para um melhor diferencial pós-venda, é muito interessante que pelo menos para aquelas vendas de maior vulto, após a entrega, que seja dada uma ligação ou um *e-mail* agradecendo a compra e se colocando à disposição para quaisquer esclarecimentos que se fizerem necessários.

As respostas a todos os questionamentos acima possibilitam que o futuro empreendedor tenha uma clara noção de que vai precisar para a continuidade do seu negócio. Por exemplo, não adianta ter um excelente produto ou serviço se o empreendedor não tem canais de distribuição adequados que possibilitem chegar ao cliente no menor tempo possível e, principalmente, compatível com seus concorrentes mais diretos.

> **Atenção:**
>
> Planejar é importante para a execução de qualquer atividade com alguma segurança e zelo. No caso de um empreendedor é simplesmente fundamental! Em alguns momentos pode ser a diferença entre prosseguir ou perecer.

Para reflexão:

Dez pecados capitais que o empreendedor deve evitar sempre:

1) Inadequação do capital de giro e volume dos estoques

O capital de giro e o volume dos estoques estão intimamente relacionados e são fundamentais no equilíbrio financeiro da empresa! Se a empresa investe em estoques um valor superior ao necessário para o período e principalmente se a rotação desse estoque não se comportar como o esperado, esse fato pressiona fortemente as finanças de curto prazo da empresa, uma vez que recursos que deveriam estar disponíveis para outras finalidades, como, por exemplo, recursos para o pagamento dos fornecedores e/ou folha de pagamento estão "presos" nos estoques.

2) Desequilíbrio entre os pagamentos aos fornecedores e recebimento dos clientes

A situação ideal para qualquer empresa é pagar a prazo e receber a vista! Entretanto, na prática, isso não acontece na maioria dos negócios. Assim, o ideal é sempre pagar os fornecedores em prazo superior ao recebimento das vendas. Por exemplo, se o empreendedor paga ao fornecedor em média em 60 dias, deve receber as suas vendas em média, no máximo, em 45 dias.

3) Sócios com partes iguais

Não recomendo que as sociedades sejam formadas por um número par de sócios e, principalmente, com participações iguais no capital social. Nesse caso, se houver um "empate" de opiniões em uma decisão crucial para o futuro do empreendimento, qualquer decisão poderá afetar o bom relacionamento dos sócios. Uma possível solução para esses casos é que um dos sócios tenha uma maior participação na sociedade e em caso de empate, a opinião deste seria adotada.

Outro ponto importante é a afinidade entre os sócios do empreendimento.

4) Inexperiência no ramo

Exemplo: Um bancário se aposenta e investe todo o dinheiro das suas economias em um salão de cabeleireiro. Pode dar certo? Sim, claro! Mas o fato é que tem tudo para dar errado!

O que um ex-bancário sabe de cortar cabelo e/ou fazer unha? Conhece a dinâmica de um salão? Do seu funcionamento e rotinas? Nada! Absolutamente nada! Assim, é recomendável só se aventurar em uma área nova após um treinamento intensivo e também, se possível, após adquirir alguma experiência no segmento.

5) Falta de humildade para reconhecer seus erros e buscar ajuda

Uma verdade inconteste: ninguém sabe tudo! Não é vergonha reconhecer que não dispomos de todo o conhecimento ou experiência para conduzir uma atividade comercial. Assim, é importante ter a humildade de saber pedir ajuda antes que seja tarde e efetuar um planejamento detalhado antes de iniciar a atividade para tentar evitar surpresas desagradáveis. Em suma, como diz o ditado: errar é humano, persistir no mesmo erro é burrice!

6) Não aprimorar constantemente os conhecimentos

No atual mercado, todo dia temos novidades, sejam máquinas mais eficientes, novas leis, novas técnicas, novos produtos etc. Ir a feiras e congressos relacionados à sua atividade, pesquisar na Internet, ler revistas especializadas, entre outros, são excelentes aliados na atualização e no conhecimento de novas ideias que possam ser copiadas, ajustadas ou mesmo aprimoradas para o seu negócio.

7) Assessoria contábil e/ou jurídica frágil

O escritório que será responsável pela sua escrita contábil e fiscal deve ser suficientemente competente para responder a todas as suas dúvidas tanto contábeis quanto fiscais de forma plena. Contador é igual a médico e advogado: ou se confia ou não se confia. Não existe confiar parcialmente. Se isso acontecer, troque imediatamente de escritório contábil!

8) Ponto comercial inadequado

Por que será que lojas nos *shoppings* próximas da praça de alimentação, em geral, são mais caras que as demais? A resposta é que nas lojas perto das praças de alimentação há mais movimento de pessoas e, portanto, com mais visibilidade. Considere sempre a adequação do ponto comercial no seu planejamento.

9) Falta de planejamento estratégico de médio/longo prazos

Sem um planejamento adequado, a possibilidade de sucesso torna-se bem mais complexa. Portanto, sempre elabore um detalhado planejamento antes de iniciar sua atividade e posteriormente, mesmo depois do início das atividades, mantenha um planejamento com objetivos e metas a serem alcançadas.

10) Pagamento de propina para fiscais corruptos! Eles não garantem nada e serão seus eternos *clientes*.

Trabalhe corretamente e não tema nenhuma fiscalização! Um fiscal corrupto é facilmente identificado porque sempre chega dizendo: "tá tudo errado!"; "vou ter que multar ou fechar!"; "a multa vai ser bem alta!". Ou seja, chegam assustando para causar pânico e facilitar o recebimento das esperadas propinas. Chegando na empresa um fiscal corrupto, mantenha a calma e lembre-se de que na maioria dos casos, antes de multar ou fazer qualquer coisa contra o estabelecimento, é preciso notificar e determinar um prazo para a solução da(s) pendência(s). Caso o empreendedor não concorde com a autuação, deixe claro que você vai recorrer às instâncias superiores. Se, por outro lado, concordar, informe também que efetuará o pagamento das possíveis multas e/ou a regularização da não conformidade tão logo possível.

Lembre-se: Se o empreendedor pagar propina uma única vez, nunca mais vai se livrar de fiscais corruptos. Entretanto, não se curvando a estes pilantras, o empreendedor só vai receber a visita de fiscais honestos que farão seu trabalho dentro da legalidade e que, por sua vez, até ajudarão na condução do seu negócio, com boas orientações e sugestões.

2.2 Exercícios de fixação

a) Você pretende comemorar o primeiro ano de namoro com uma festa inesquecível. Você estima cerca de 300 a 400 convidados, mas a maioria não tem carro. O local da festa será uma casa alugada de uma amiga por R$ 1.000. A casa fica distante da sua cidade cerca de 120 quilômetros. Como planejar a festa gastando o menos possível?

Obs.: Não se esqueça do Buffet; das mesas e cadeiras; do transporte para os convidados; da música da festa (DJ); Cobertura para o caso de chuva; Segurança etc.

b) O Sr. Quest está pretendendo abrir uma drogaria em um pequeno *shopping* popular próximo da sua residência. Nas proximidades já existem três drogarias, uma inclusive famosa por vender a um preço mais em conta.

Pede-se:

1) Elabore um planejamento estratégico.

2) Elabore um planejamento de vendas e marketing.

c) Comente cada um dos 10 pecados capitais para o novo empreendedor. Classifique-os em ordem de importância.

3

ENTENDENDO OS PRINCIPAIS CONCEITOS E DEMONSTRATIVOS CONTÁBEIS

Objetivos do capítulo

O objetivo deste capítulo é apresentar noções de contabilidade de forma que o empreendedor possa saber obter as informações que precisa para conduzir adequadamente o seu negócio. Foi elaborado especialmente para não contadores. Nesse sentido apresenta um exemplo de uma empresa hipotética, no qual são abordados os principais conceitos e algumas situações comuns ao novo empreendedor.

3.1 Entendendo os Principais Conceitos e Demonstrativos Contábeis[1]

O objetivo deste tópico é dar ferramentas conceituais básicas ao leitor de forma que este possa analisar corretamente os números dos demonstrativos contábeis do seu empreendimento. Nesse sentido, são apresentados inicialmente os conceitos básicos de contabilidade. Em seguida, são apresentados os prin-

---

[1] Ressaltamos, mais uma vez, que não é intenção deste livro apresentar ou trabalhar com as definições contábeis tradicionais. A intenção é apenas buscar o entendimento da forma mais simples possível, principalmente para os não contadores. Caso necessário, para maiores detalhes, recomendo o livro: "Fundamentos e Análise das Demonstrações Contábeis", da Editora Atlas, 2012, também de minha coautoria.

cipais e mais utilizados demonstrativos contábeis para empresas de pequeno e médio portes.

Para que possamos trabalhar adequadamente os principais conceitos contábeis, inicialmente, vamos abordar o conceito de origem e aplicação de recursos. Ressalte-se que a definição de aplicação é no sentido de destinação/utilização. Não confundir com aplicação financeira.

Considere o seguinte exemplo:

Duas Amigas resolvem abrir uma confecção de maiôs. Para tanto, cada uma investe na sociedade R$ 5.000 que é depositado no banco.

Note que a empresa começa sua vida com R$ 10.000 cuja origem (de onde veio) é dinheiro das próprias sócias e a aplicação (destinação) foi a conta no banco. Após essa operação, podemos afirmar que a empresa tem a seguinte composição:

✓ *Origem* dos recursos => Sócias => R$ 10.000

✓ *Aplicação* dos recursos => Banco => R$ 10.000

Se fôssemos fazer uma representação gráfica teríamos:

Aplicação dos Recursos		Origem dos Recursos	
Bancos	$ 10.000	Sócias (Capital)	$ 10.000
Total	**$ 10.000**	**Total**	**$ 10.000**

Note que os dois lados possuem o mesmo valor total. Esse fato nos permite afirmar que não pode existir uma aplicação sem uma origem que a justifique. Essa é a base da estruturação contábil: sempre haverá uma origem para toda e qualquer aplicação de recursos.

Continuando.

Vamos supor que agora as sócias efetuaram as seguintes operações:

– Compra a prazo de matéria-prima com fornecedores para confecção dos maiôs no valor de $ 2.000; e

Entendendo os principais conceitos e demonstrativos contábeis **35**

– Contrato de um empréstimo de $ 8.000 para completar o valor da compra a vista de máquinas que custa $ 12.000.

Após essas operações, a situação patrimonial da empresa é a seguinte:

Aplicação dos Recursos		Origem dos Recursos	
Bancos	$ 6.000	Fornecedores	$ 2.000
Matéria-prima	$ 2.000	Empréstimo	$ 8.000
Máquinas	$ 12.000	Sócias (Capital)	$ 10.000
Total	**$ 20.000**	**Total**	**$ 20.000**

Vejamos como se movimentaram os saldos das contas após essas operações.

Origens:

Fornecedores => Explica de onde vieram os recursos (origem) para a matéria-prima comprada a prazo. Em outras palavras, a empresa contraiu uma dívida com os fornecedores que financiaram a compra da matéria-prima;

Empréstimos => A empresa recebeu $ 8.000 que foi depositado no banco para ajudar na composição do valor para a compra da máquina. Assim, a origem desse dinheiro que entrou na conta do banco está na dívida que a empresa contraiu junto ao próprio banco.

Aplicações:

Bancos => o saldo variou da seguinte maneira:

Saldo anterior	=	10.000
Empréstimo obtido	=	8.000
Compra da máquina	=	(12.000)
Saldo atual	=	$ 6.000

Matéria-prima => A empresa comprou a prazo $ 2.000 para fabricar maiôs.

Máquinas => Com o dinheiro do empréstimo, mais o valor do saldo que tinha no banco, a empresa comprou uma máquina a vista no valor de $ 12.000.

Note-se ainda que até agora a empresa não efetuou nenhuma transação comercial com terceiros com intuito de gerar lucro. Em outras palavras, a empresa até agora só se preparou para começar sua atividade comercial que é a produção e venda de maiôs.

Vamos supor agora que as sócias produziram 100 maiôs utilizando toda a matéria-prima e venderam a vista cada maiô por R$ 50. Como a empresa usou todo o material e esse custou R$ 2.000, pode-se concluir que o custo de cada unidade fabricada foi de R$ 20 (R$ 2.000/100).

Nesse sentido, teríamos o resultado:[2]

	Un.	Total
Receita de Venda	$ 50	5.000
Custo de cada maiô	($ 20)	(2.000)
Resultado	$ 30	3.000

Depois da produção e venda, teríamos a seguinte composição do patrimônio da empresa:

Aplicação dos Recursos		Origem dos Recursos	
Bancos	$ 11.000	Fornecedores	$ 2.000
Máquinas	$ 12.000	Empréstimo	$ 8.000
Matéria-prima	$ 0		
"Ativo trocado"		Sócias (Capital)	$ 10.000
		"Lucro"	$ 3.000
Total	$ 23.000	Total	$ 23.000

Note-se que a matéria-prima foi "sacrificada" na troca por $ 5.000 em dinheiro. Assim, o caixa que tinha $ 6.000 tem agora $ 11.000.

---

[2] Para fins didáticos, não foram considerados os demais custos que compõem o custo total: custos indiretos de fabricação e a de mão de obra direta, que serão vistos em detalhes mais à frente.

A diferença de $ 3.000 entre a matéria-prima utilizada e a receita da venda (R$ 5.000)[3] será o lucro obtido nessa transação que fica do lado das origens, mantendo o equilíbrio entre as aplicações e origens dos recursos.

Ampliando um pouco mais os conceitos utilizados até agora, temos que as aplicações de recursos serão denominadas a partir de agora como **Ativo**, pois representam os bens e direitos da empresa, e o lado das origens representa agora o **Passivo**, que são as obrigações da empresa com terceiros, bem como o valor investido inicialmente na empresa pelas sócias e seus respectivos acréscimos (lucros) ou deduções (prejuízos).

3.2 Principais demonstrativos contábeis

A contabilidade tem diversos demonstrativos contábeis que são obrigatórios para muitas empresas, principalmente aquelas de grande porte que são:

- ✓ Balanço Patrimonial (BP).
- ✓ Demonstração do Resultado do Exercício (DRE).
- ✓ Demonstração do Fluxo de Caixa (DFC).
- ✓ Demonstração do Resultado Abrangente (DVA).
- ✓ Demonstração das Mutações do Patrimônio Líquido (DMPL).

Considerando os objetivos deste livro, vamos abordar apenas os três primeiros – BP; DRE e DFC –, que são aqueles que, além de serem os mais utilizados, são também os que possibilitam um melhor e mais fácil entendimento e acompanhamento por parte do futuro ou novo empreendedor.[4]

3.2.1 Balanço Patrimonial (BP)

O balanço patrimonial é composto de três grandes grupos:

- ➢ Contas Ativas.
- ➢ Contas Passivas.
- ➢ Contas do Patrimônio Líquido.

---

[3] Como a venda foi a vista, a receita de venda tem o mesmo valor que entrou no banco: R$ 5.000.

[4] Caso o leitor deseje conhecer em detalhes os demais demonstrativos contábeis, sugiro o livro *Fundamentos e Análise das Demonstrações Contábeis*: uma abordagem interativa. 2012. Editora Atlas, de minha coautoria.

E são representados graficamente da seguinte maneira:

Ativo	Passivo
	Patrimônio Líquido

Como visto anteriormente, o Ativo representa as aplicações de recursos da empresa, ou seja, os seus bens e direitos. Do lado do passivo temos duas subdivisões: as obrigações com terceiros que são, por exemplo, as compras a prazo com fornecedores e/ou empréstimos bancários, que são denominadas de passivo exigível; e o patrimônio líquido, que é composto do capital inicial e as reservas de lucros, também denominado de passivo não exigível. Como o próprio nome insinua, o passivo exigível tem um credor, uma data e valor. Já o passivo não exigível ou patrimônio líquido tem credor (sócios), mas não tem data, nem valor, que só será apurado em caso de liquidação da empresa ou por ocasião da retirada de algum sócio.

Nesse sentido, o patrimônio líquido é considerado a riqueza dos sócios em caso de liquidação da empresa e é obtido também pela diferença entre o ativo total e o passivo exigível.

Utilizando os números do nosso exemplo, o balanço ficaria da seguinte maneira:

Ativo		Passivo	
Bancos	$ 11.000	Fornecedores	$ 2.000
Máquinas	$ 12.000	Empréstimo	$ 8.000
Total do Ativo	**$ 23.000**		
		Patrimônio Líquido	
		Sócias (Capital)	$ 10.000
		"Lucro"[5]	$ 3.000
		Total do Passivo	**$ 23.000**

---

[5] Apenas para uma informação adicional, as normas da Contabilidade determinam que todo lucro obtido pela empresa seja integralmente distribuído. Seja para os sócios ou transferidos para reservas de lucro ou para o Capital Social.

No exemplo, o passivo exigível seria formado pelos fornecedores e o empréstimo, totalizando assim $ 10.000, e o passível não exigível – patrimônio líquido – com um total de $ 13.000.

Vamos agora melhorar essas classificações.

A função primordial da contabilidade é fornecer informações sobre a situação econômico-financeira da empresa para que o empresário possa sempre tomar a melhor decisão possível.

Nesse sentido, a contabilidade efetua subclassificações nos grupos de ativo, passivo e patrimônio líquido de forma a possibilitar uma melhor informação. Uma dessas subdivisões refere-se à separação em curto e longo prazo dos bens e direitos (Ativo) e obrigações (Passivo) da empresa, de maneira que o empresário possa ter informações das suas condições econômicas e financeiras em prazos distintos.

Nesse sentido, a contabilidade classifica todos os bens e direitos a receber e as obrigações a pagar em Circulante e Não Circulante.

As contas com liquidez imediata, como caixa e bancos e todas as demais que vencem até o término do ano seguinte, a contar a partir da data do fechamento do balanço, serão classificadas como Circulante; todas aquelas que vencerem após essa data, como Não Circulante.

Por exemplo, supondo um balanço fechado em 31/12/20X2, todas as contas que vencerão até 31/12/20X3 serão classificadas como Circulante e todas as demais com vencimento após essa data como Não Circulante.

Com essa subclassificação, o nosso balanço ficaria da seguinte forma, agora mais completa:

Ativo		Passivo		
Circulante		**Circulante**		
Bancos	$ 11.000	Fornecedores	$ 2.000	
		Empréstimo	$ 8.000	$ 10.000
Não Circulante		**Não Circulante**		0
Máquinas	$ 12.000			
Total do Ativo	**$ 23.000**			
		Patrimônio Líquido		
		Sócias (Capital)	$ 10.000	
		"Lucro"	$ 3.000	$ 13.000
		Total do Passivo		**$ 23.000**

Olhando para o balanço acima, o empresário poderia depreender que possui uma pequena "folga" nas suas finanças de curto prazo de R$ 1.000 (R$ 11.000 – R$ 10.000).

Em resumo, nessa situação o empresário tem recursos para saldar suas dívidas de curto prazo e ainda uma pequena "folga" no caixa. Essa diferença é comumente chamada de capital de giro. Um bom capital de giro possibilita que o empresário possa melhor suportar os possíveis períodos "turbulentos" durante a maturação do negócio.

3.2.2 Demonstração do Resultado do Exercício (DRE)

A DRE apresenta o resultado – lucro ou prejuízo – do período normalmente de um ano. Note-se que a DRE é apurada obrigatoriamente no final do ano para apuração dos impostos (dependendo do tipo de tributação) e distribuição dos lucros, entretanto, nada impede que a empresa apure o seu resultado, digamos, trimestralmente ou até mesmo mensalmente.

Para chegar ao resultado, a DRE apresenta também a Receita (positiva) do período, os custos e despesas (negativos), para ao final apresentar o lucro ou prejuízo do período.

Em última análise, a DRE avalia o desempenho do empresário no período. Se o mesmo foi bem-sucedido nas suas operações no período, haverá lucro; caso contrário, prejuízo.

Atenção:

1) É muito importante frisar que lucro é diferente de dinheiro em caixa/banco. Em outras palavras, é possível ter lucro e não ter dinheiro disponível, bem como é possível ter prejuízo e ter dinheiro em caixa/banco. Essa discrepância ocorre porque a contabilidade utiliza uma norma denominada de **regime de competência** em contraponto a outro regime: o regime de caixa.[6] No primeiro, independentemente da data do pagamento ou recebimento, o registro é efetuado obrigatoriamente no momento da sua ocorrência, momento esse denominado de "fato gerador".

---

[6] Maiores detalhes na Demonstração do Fluxo de Caixa.

Assim, supondo, por exemplo, uma venda a prazo, realizada em 10/5, com recebimento previsto para sessenta dias. Pelo regime de competência, no dia 10/5, a empresa deverá registrar uma receita e em contrapartida uma promessa de recebimento futuro, já que a venda foi a prazo. Neste exato momento e supondo apenas esta operação no período, é possível que a empresa tenha lucro (caso tenha vendido seu produto por preço superior aos seus custos e despesas) e nenhum dinheiro no caixa/bancos, já que a venda foi a prazo!

Como as operações de produção e venda das empresas são dinâmicas, é possível também que no resultado do período tenham valores recebidos e valores ainda por receber.

2) Ressalte-se ainda a existência de uma conta na contabilidade chamada de depreciação. Essa conta representa contabilmente o desgaste de alguns bens da empresa em decorrência do uso e/ou do transcurso de tempo e, embora esteja registrada como despesa do período, não representa um desembolso de dinheiro.

Vejamos um exemplo de depreciação:

- ✓ Aquisição de uma máquina a vista em 1/1/20X2 por R$ 10.000
- ✓ Tempo de uso estimado da máquina = 5 anos
- ✓ Depreciação anual = R$ 2.000 (R$ 10.000/5)
- ✓ Depreciação mensal = R$ 166,67 (R$ 2.000/12)

Todo mês a empresa registra como despesa o valor de R$ 166,67.

Note-se ainda que a empresa já pagou na data da compra o valor integral da máquina e esse valor mensal da depreciação se refere unicamente ao registro do desgaste da máquina, não representando, por conseguinte, desembolso de dinheiro por parte da empresa.

Nesse sentido, considerando por hipótese que uma empresa efetue todas as suas operações – compras e vendas – com dinheiro, o seu lucro mensal seria R$ 166,67 menor que o valor do seu dinheiro disponível.

Vejamos outro exemplo comparativo entre os regimes de competência e de caixa.

Considere as informações a seguir.

Data	Fato gerador	Valor $	Condições
Outubro	Receita de venda	1.000	40% a vista 60% em 30 dias
Outubro	Despesas	800	40% a vista 60% em 30 dias

Classificando os valores das operações acima em regime de competência e regime de caixa, teríamos:

Pelo regime de competência teríamos:		Pelo regime de caixa teríamos:	
Receita	1.000	Receita	400
(–) Despesas	800	(–) Despesas	320
Resultado (lucro)	200	Dinheiro	80

Conforme o quadro acima, a empresa teria um lucro de R$ 200 e apenas R$ 80 disponível em dinheiro. Note-se também que o imposto a ser pago pela empresa é calculado com base no lucro e não nos recursos financeiros disponíveis no período, o que pode acarretar em uma situação insólita: a empresa tem lucro, mas não tem dinheiro para pagar os impostos!

Abaixo segue um exemplo simplificado da composição da DRE.

> (=) Receita Bruta de Vendas
> (–) Impostos sobre vendas
> (–) Cancelamentos e devoluções
> (=) Receita Líquida de Vendas
> (–) Custo da Mercadoria Vendida
> (=) Lucro Bruto
> (–) Despesas de Vendas
> (–) Despesas Administrativas
> (+/–) Despesas/Receitas Financeiras Líquidas
> (–) Outras Despesas
> (+) Demais Receitas/Ganhos
> (=) Resultado Antes dos Impostos
> (–) Provisão para IR e CSLL
> (=) Lucro ou Prejuízo Líquido do Exercício

3.2.3 Demonstração do Fluxo de Caixa (DFC)

A demonstração do fluxo de caixa apresenta a movimentação das disponibilidades – caixa e bancos – da empresa no período. Com essa demonstração o empresário pode conhecer com precisão a origem dos seus recursos financeiros e quais as respectivas destinações. Se, por exemplo, a principal origem dos recursos é decorrente de empréstimos, pode-se depreender que a empresa precisa reavaliar com urgência o seu fluxo de caixa.

Pode ser elaborada pelo método indireto e pelo método direto. O primeiro é elaborado a partir das demais demonstrações contábeis e é utilizado quando o interessado nas informações sobre as finanças está fora da empresa. O outro tipo – método direto – é utilizado quando se tem acesso internamente aos números da empresa e será o que vamos utilizar.

O quadro a seguir apresenta um exemplo simplificado da demonstração do fluxo de caixa.

Quadro 4 – Exemplo simplificado de Demonstração do Fluxo de Caixa pelo método direto

	R$	R$
1. Entradas de Recursos:		
Operacionais		
Recebimento de Clientes	2.700	
Pagto. a fornecedores	(1.600)	
Pagto. custos/despesas (exceto depreciação)	(360)	740
Sócios		
Integralização de Capital		560
Terceiros		
Empréstimos obtidos		1.200
Total das Entradas		**2.500**
2. Destinação de Recursos:		
Compra Imobilizado	1.860	
Depósitos Judiciais	250	
Total das Saídas		**2.110**
Variação (1 – 2)		**390**
Saldo período anterior		300
Saldo do disponível atual		**690**

Agora que conhecemos as principais demonstrações contábeis e a dinâmica dos registros, vamos apresentar os principais termos contábeis.

3.3 Conceitos contábeis básicos

Possível diálogo entre um contador e seu cliente:

Cliente:

– Lembra que você disse que estou com um lucro muito alto e que precisaria registrar todas as despesas possíveis para diminuir o lucro e tentar pagar menos imposto?

Contador:

– Sim, lembro. Você não tem o hábito de sempre pedir nota fiscal de tudo que você compra.

Cliente:

– Resolvi o problema! Acabei de comprar um carro para a empresa e outro para minha filha! Ficou bem acima do valor do meu lucro! Vou até ter prejuízo!

Contador:

– Não vai não! O carro que você comprou para a empresa é um ativo que não entra na apuração do resultado da empresa! Compõe, isso sim, o conjunto de bens da empresa. E o carro da sua filha nada tem a ver com a empresa. Inclusive esta última aquisição está em descordo com as normas contábeis. Você vai continuar a pagar imposto!

O diálogo hipotético e fictício acima demonstra que nem sempre o empreendedor tem real noção dos conceitos contábeis básicos e pode, por esse motivo, gerar alguns transtornos para o seu negócio. Nesse sentido, vamos trabalhar alguns desses conceitos básicos.

a) Ativo

Todos os bens e direitos de propriedade da empresa e/ou sob seu controle exclusivo, mensurados em moeda nacional e que tenham expectativa de geração de benefício futuro são denominados de ativos. Por exemplo, móveis, dinheiro no banco, máquinas e veículos são bens da empresa. Como direitos temos os valores a receber de vendas a prazo para clientes.

Quando o empreendedor compra uma máquina ou um veículo, essa movimentação financeira não mexe com o resultado – lucro ou prejuízo –, pois se trata de patrimônio da empresa. Em outras palavras não há aumento ou diminuição da situação patrimonial e sim apenas uma "troca" sai dinheiro e entra a máquina/veículo (ambos do lado do ativo – aplicação) ou entra uma dívida (do lado do passivo – origem) e o bem adquirido (do lado do ativo – aplicação).

b) Passivo

Conforme já comentado anteriormente, o passivo é subdivido em duas partes: o passivo exigível e o não exigível. No primeiro grupo estão as obrigações que representam de maneira geral um desembolso futuro com data, beneficiário e valor definidos ou corretamente estimados, tais como compras a prazo (fornecedores), empréstimos bancários etc. No outro grupo são as contas que compõem o patrimônio líquido e que são consideradas não exigíveis por se tratar de recursos inicialmente colocados pelos sócios e modificados positivamente pelos lucros e negativamente pelos prejuízos nas suas operações posteriores.

No caso do nosso exemplo, o patrimônio líquido (PL) pode ser obtido da seguinte maneira:

Patrimônio Líquido = Ativo Total – Passivo Exigível

Ou seja:

PL = 23.000 – 10.000

PL = 13.000

Esse valor de R$ 13.000 é o valor a ser distribuído às sócias em caso de liquidação da empresa. No exemplo, se a empresa encerrasse as suas atividades agora, cada sócia receberia R$ 6.500 (R$ 13.000/2) que corresponde ao capital inicial que cada sócia investiu no negócio – R$ 5.000 –, acrescido de R$ 1.500 (R$ 3.000/2) correspondente ao lucro do período distribuído a cada sócia.

46 Empreendedorismo • Lins

Ressalte-se que essa distribuição só ocorre em caso de liquidação ou encerramento das atividades.

No caso da retirada ou substituição de uma sócia, são seguidas as normas constantes no contrato social que, de maneira geral, preveem o levantamento de um balanço para determinar o resultado (lucro ou prejuízo) e a partir daí é efetivada a divisão conforme a participação da sócia que se retira do negócio.

c) Despesas

As despesas são valores consumidos no dia a dia da empresa e que contribuem de forma direta ou indireta para a geração das receitas de vendas. Por exemplo, despesas com material de escritório, material de limpeza, café e açúcar, salário dos funcionários etc. De maneira geral, são aqueles gastos que se consomem quando utilizados. Em outras palavras, após o uso, não pode voltar a ser utilizado da mesma maneira.

d) Custos[7]

Custos são gastos semelhantes às despesas, porém com uma diferença crucial: os custos são vinculados à produção, portanto, transitando pelos estoques. Ou seja, são gastos consumidos na elaboração de produtos ou serviços para venda. Em um primeiro momento – na compra – são lançados no ativo e, posteriormente, quando vendidos, recebem a denominação de custos.

Nesse sentido, no caso do nosso exemplo anterior, a matéria-prima consumida na fabricação dos maiôs e que foi trocada pelo dinheiro da venda é classificada, neste momento, como custo e transferida para o resultado para ser confrontada com a receita da venda para apuração do resultado.

Em outras palavras, a matéria-prima que estava no ativo foi "trocada" pela receita da venda, indo ambas para a demonstração do resultado do exercício (DRE), para confrontação e apuração do lucro do período.

Em outro exemplo, no caso de uma empresa comercial de venda de eletrônicos, os produtos comprados são considerados estoques de mercadorias e posteriormente custos, quando revendidos e transferidos para o resultado.

---

[7] No Capítulo 5 o assunto "custos" será visto em detalhes.

e) Postulado da Entidade

Mais um diálogo hipotético:

Contador:

– Seu Zé, tem uma nota fiscal de fornecedor que foi paga, mas não tem dinheiro, nem no caixa da empresa, nem no banco. O que aconteceu?

Cliente:

– Eu sei! Eu não estava com o talão de cheques da conta da empresa e paguei com cheque da minha conta particular. Além disso, eu sabia que na conta da empresa não tinha saldo! Não ia dar um cheque sem fundos!

Contador:

– Seu Zé, o senhor não pode fazer isso! Uma coisa são as contas da empresa e outra coisa são as suas contas particulares. Na contabilidade elas não se misturam em nenhuma hipótese!

Cliente:

– Como assim!? A empresa é minha! Só minha! E eu faço o que eu bem entender com o meu dinheiro e o da empresa!

Contador:

– Sim Seu Zé, eu entendo. A empresa é sua, de fato. Mas não se pode misturar as coisas. A empresa tem um CNPJ que a faz única e o senhor tem um CPF que também o faz único. Na contabilidade tem uma lei que diz que a Entidade da empresa é algo único que não se mistura com a pessoa do dono ou dos sócios. Isso pode causar sérios problemas para o senhor e para sua empresa.

Cliente:

– Que problema?

Contador:

– Como o senhor explicaria para a Receita Federal um pagamento sem que a empresa tenha dinheiro para fazê-lo? A única explicação possível é a existência do chamado "caixa dois"! E isto é fraude! E pode acarretar sérias dores de cabeça, além de pesadas multas. Sem contar que esse procedimento fere um dos principais postulados contábeis. Enfim, nunca mais faça isso! Não posso ser seu contador nessas condições de incertezas da prática de possíveis ilicitudes.

O diálogo hipotético acima tem como finalidade chamar a atenção para que o empreendedor não "misture as estações", ou seja, não misture recursos pessoais com os recursos da empresa sob pena de descontrole financeiro e possíveis multas impostas por fiscalizações.

As finanças da empresa devem ficar sempre separadas das finanças dos sócios. Os sócios podem receber o pró-labore e a distribuição de lucro conforme sua participação no capital, mas nunca confundir as finanças dos sócios e da empresa.

3.4 Exercícios de fixação

a) Dos itens listados abaixo, classifique-os em origem e aplicação de recursos.

- ✓ Veículos.
- ✓ Empréstimos bancários.
- ✓ Clientes.
- ✓ Caixa.
- ✓ Estoques.
- ✓ Capital social.
- ✓ Fornecedores.
- ✓ Bancos.
- ✓ Móveis e utensílios.

b) O que pode acontecer quando o empreendedor "confunde" as pessoas físicas e jurídicas?

c) Por que a compra de um veículo para a empresa não afeta o resultado (lucro ou prejuízo) da empresa?

Entendendo os principais conceitos e demonstrativos contábeis **49**

d) Dos itens listados abaixo, classifique-os em ativo, passivo exigível, passivo não exigível, despesas, custos ou perdas em uma empresa de confecção de roupas íntimas:

- Salários a pagar.
- Veículo de entregas.
- Combustível do veículo de entregas.
- Salário do porteiro da fábrica.
- Empréstimos bancários.
- Salário da costureira.
- Clientes.
- Aluguel da fábrica.
- Depreciação das máquinas de costura.
- Caixa.
- Estoques para revenda.
- Aluguel do escritório de venda da empresa.
- Estoques sem condições de venda.
- Capital social.
- Fornecedores.
- Bancos.
- Móveis e utensílios.
- Reserva de lucro.

e) A DRE abaixo está com as suas contas embaralhadas. Coloque-as na forma correta.

(–) Impostos sobre vendas.

(=) Receita Bruta de Vendas.

(–) Despesas de Vendas.

(–) Despesas Administrativas.

(–) Custo da Mercadoria Vendida.

(=) Lucro Bruto.

(–) Cancelamentos e devoluções.

(=) Receita Líquida de Vendas.

(=) Lucro Antes dos Impostos.

(=) Lucro ou Prejuízo Líquido do Exercício.

(–) Provisão para IR e CSLL.

(+/–) Despesas/Receitas Financeiras Líquidas.

f) Considere as seguintes informações:

Situação 1:

✓ Uma sociedade formada por 2 sócios, onde cada sócio investiu R$ 25.000.

✓ O ativo total é de R$ 80.000.

✓ O passivo exigível é de R$ 25.000.

Pede-se:

1) Os sócios foram eficientes na sua gestão?

2) Em caso de liquidação da empresa, quanto seria atribuído a cada sócio?

Situação 2:

✓ Uma sociedade formada por 3 sócios, onde cada sócio investiu R$ 15.000.

✓ O ativo total é de R$ 70.000.

✓ O passivo exigível é de R$ 35.000.

Pede-se:

1) Os sócios foram eficientes na sua gestão?

2) Em caso de liquidação da empresa, quanto seria atribuído a cada sócio?

PARTE II

Depois de Começar uma Atividade Empresarial

Esta parte é destinada aos novos empreendedores. Seu objetivo é disponibilizar ferramentas para uma melhor gestão empresarial para empresas já em atividades. Neste sentido, são abordados tópicos relativos a tributação, custos, gestão financeira e controles internos e auditoria.

4

ENTENDENDO REGIME DE TRIBUTAÇÃO

> **Objetivos do capítulo[1]**
>
> O objetivo deste capítulo é proporcionar ao leitor uma visão ampla e genérica das formas de tributação, desde o Simples para pequenos negócios, até a tributação pelo Lucro Real. São abordados também outros tributos incidentes sobre diversas atividades comerciais. Ressalte-se que tanto nesse capítulo quanto em todos os demais, não é intenção esgotar o assunto, principalmente no caso da tributação no Brasil, que sofre modificações de forma muito rápida.

Toda empresa está sujeita ao pagamento de tributos. Dependendo de alguns fatores, principalmente da receita, é possível escolher o regime de tributação que seja mais adequado e vantajoso do ponto de vista do pagamento dos impostos para o empreendedor.

Os regimes de tributação são: Simples nacional, Lucro presumido e Lucro real que comentaremos a seguir.

4.1 Simples

A tributação pelo Simples é a mais popular entre as pequenas e médias empresas. Alcança os tributos e contribuições federais e pode ser utilizada por

---

[1] Conforme objetivos do livro, serão apresentadas apenas noções a respeito do cálculo de tributos de acordo com o tipo de regime de tributação.

empresas enquadradas como microempresas ou empresas de pequeno porte, conforme Lei Complementar 123/06 e suas atualizações posteriores.

Para o enquadramento no regime do Simples é necessário obedecer aos seguintes limites[2] de receita bruta anual:

- ✓ Microempresas => Receita bruta anual de até R$ 360.000.

- ✓ Empresas de pequeno porte => Receita bruta anual de R$ 360.001 até R$ 3.600.000.

Com apenas um pagamento unificado mensal, as empresas enquadradas nessas condições podem pagar, por exemplo, os seguintes tributos e contribuições federais:

- ⇨ Imposto de renda de pessoa jurídica.

- ⇨ Contribuição social sobre o lucro líquido – CSLL.

- ⇨ PIS/PASEP.

- ⇨ Contribuição para o financiamento da seguridade social – COFINS.

- ⇨ IPI.

Ressalte-se que este regime de tributação pode incluir ainda o ICMS (imposto estadual) e o ISS (imposto municipal) desde que o Estado e o Município adiram mediante a um convênio. Ressalte-se que todos os principais Estados e Municípios aderiram a esse regime de tributação.

As alíquotas[3] são as seguintes:

---

[2] Esses limites são reajustados periodicamente.

[3] Esses valores são reajustados periodicamente.

Comércio

Receita Bruta em 12 meses (em R$)	Alíquota	IRPJ	CSLL	Cofins	PIS/Pasep	CPP	ICMS
Até 180.000,00	4,00%	0,00%	0,00%	0,00%	0,00%	2,75%	1,25%
De 180.000,01 a 360.000,00	5,47%	0,00%	0,00%	0,86%	0,00%	2,75%	1,86%
De 360.000,01 a 540.000,00	6,84%	0,27%	0,31%	0,95%	0,23%	2,75%	2,33%
De 540.000,01 a 720.000,00	7,54%	0,35%	0,35%	1,04%	0,25%	2,99%	2,56%
De 720.000,01 a 900.000,00	7,60%	0,35%	0,35%	1,05%	0,25%	3,02%	2,58%
De 900.000,01 a 1.080.000,00	8,28%	0,38%	0,38%	1,15%	0,27%	3,28%	2,82%
De 1.080.000,01 a 1.260.000,00	8,36%	0,39%	0,39%	1,16%	0,28%	3,30%	2,84%
De 1.260.000,01 a 1.440.000,00	8,45%	0,39%	0,39%	1,17%	0,28%	3,35%	2,87%
De 1.440.000,01 a 1.620.000,00	9,03%	0,42%	0,42%	1,25%	0,30%	3,57%	3,07%
De 1.620.000,01 a 1.800.000,00	9,12%	0,43%	0,43%	1,26%	0,30%	3,60%	3,10%
De 1.800.000,01 a 1.980.000,00	9,95%	0,46%	0,46%	1,38%	0,33%	3,94%	3,38%
De 1.980.000,01 a 2.160.000,00	10,04%	0,46%	0,46%	1,39%	0,33%	3,99%	3,41%
De 2.160.000,01 a 2.340.000,00	10,13%	0,47%	0,47%	1,40%	0,33%	4,01%	3,45%
De 2.340.000,01 a 2.520.000,00	10,23%	0,47%	0,47%	1,42%	0,34%	4,05%	3,48%
De 2.520.000,01 a 2.700.000,00	10,32%	0,48%	0,48%	1,43%	0,34%	4,08%	3,51%
De 2.700.000,01 a 2.880.000,00	11,23%	0,52%	0,52%	1,56%	0,37%	4,44%	3,82%
De 2.880.000,01 a 3.060.000,00	11,32%	0,52%	0,52%	1,57%	0,37%	4,49%	3,85%
De 3.060.000,01 a 3.240.000,00	11,42%	0,53%	0,53%	1,58%	0,38%	4,52%	3,88%
De 3.240.000,01 a 3.420.000,00	11,51%	0,53%	0,53%	1,60%	0,38%	4,56%	3,91%
De 3.420.000,01 a 3.600.000,00	11,61%	0,54%	0,54%	1,60%	0,38%	4,60%	3,95%

Indústria

Receita Bruta em 12 meses (em R$)	Alíquota	IRPJ	CSLL	Cofins	PIS/Pasep	CPP	ICMS	IPI
Até 180.000,00	4,50%	0,00%	0,00%	0,00%	0,00%	2,75%	1,25%	0,50%
De 180.000,01 a 360.000,00	5,97%	0,00%	0,00%	0,86%	0,00%	2,75%	1,86%	0,50%
De 360.000,01 a 540.000,00	7,34%	0,27%	0,31%	0,95%	0,23%	2,75%	2,33%	0,50%
De 540.000,01 a 720.000,00	8,04%	0,35%	0,35%	1,04%	0,25%	2,99%	2,56%	0,50%
De 720.000,01 a 900.000,00	8,10%	0,35%	0,35%	1,05%	0,25%	3,02%	2,58%	0,50%
De 900.000,01 a 1.080.000,00	8,78%	0,38%	0,38%	1,15%	0,27%	3,28%	2,82%	0,50%
De 1.080.000,01 a 1.260.000,00	8,86%	0,39%	0,39%	1,16%	0,28%	3,30%	2,84%	0,50%
De 1.260.000,01 a 1.440.000,00	8,95%	0,39%	0,39%	1,17%	0,28%	3,35%	2,87%	0,50%
De 1.440.000,01 a 1.620.000,00	9,53%	0,42%	0,42%	1,25%	0,30%	3,57%	3,07%	0,50%
De 1.620.000,01 a 1.800.000,00	9,62%	0,42%	0,42%	1,26%	0,30%	3,62%	3,10%	0,50%
De 1.800.000,01 a 1.980.000,00	10,45%	0,46%	0,46%	1,38%	0,33%	3,94%	3,38%	0,50%
De 1.980.000,01 a 2.160.000,00	10,54%	0,46%	0,46%	1,39%	0,33%	3,99%	3,41%	0,50%
De 2.160.000,01 a 2.340.000,00	10,63%	0,47%	0,47%	1,40%	0,33%	4,01%	3,45%	0,50%
De 2.340.000,01 a 2.520.000,00	10,73%	0,47%	0,47%	1,42%	0,34%	4,05%	3,48%	0,50%
De 2.520.000,01 a 2.700.000,00	10,82%	0,48%	0,48%	1,43%	0,34%	4,08%	3,51%	0,50%
De 2.700.000,01 a 2.880.000,00	11,73%	0,52%	0,52%	1,56%	0,37%	4,44%	3,82%	0,50%
De 2.880.000,01 a 3.060.000,00	11,82%	0,52%	0,52%	1,57%	0,37%	4,49%	3,85%	0,50%
De 3.060.000,01 a 3.240.000,00	11,92%	0,53%	0,53%	1,58%	0,38%	4,52%	3,88%	0,50%
De 3.240.000,01 a 3.420.000,00	12,01%	0,53%	0,53%	1,60%	0,38%	4,56%	3,91%	0,50%
De 3.420.000,01 a 3.600.000,00	12,11%	0,54%	0,54%	1,60%	0,38%	4,60%	3,95%	0,50%

Serviços

Receita Bruta em 12 meses (em R$)	Alíquota	IRPJ	CSLL	Cofins	PIS/ Pasep	ISS
Até 180.000,00	4,50%	0,00%	1,22%	1,28%	0,00%	2,00%
De 180.000,01 a 360.000,00	6,54%	0,00%	1,84%	1,91%	0,00%	2,79%
De 360.000,01 a 540.000,00	7,70%	0,16%	1,85%	1,95%	0,24%	3,50%
De 540.000,01 a 720.000,00	8,49%	0,52%	1,87%	1,99%	0,27%	3,84%
De 720.000,01 a 900.000,00	8,97%	0,89%	1,89%	2,03%	0,29%	3,87%
De 900.000,01 a 1.080.000,00	9,78%	1,25%	1,91%	2,07%	0,32%	4,23%
De 1.080.000,01 a 1.260.000,00	10,26%	1,62%	1,93%	2,11%	0,34%	4,26%
De 1.260.000,01 a 1.440.000,00	10,76%	2,00%	1,95%	2,15%	0,35%	4,31%
De 1.440.000,01 a 1.620.000,00	11,51%	2,37%	1,97%	2,19%	0,37%	4,61%
De 1.620.000,01 a 1.800.000,00	12,00%	2,74%	2,00%	2,23%	0,38%	4,65%
De 1.800.000,01 a 1.980.000,00	12,80%	3,12%	2,01%	2,27%	0,40%	5,00%
De 1.980.000,01 a 2.160.000,00	13,25%	3,49%	2,03%	2,31%	0,42%	5,00%
De 2.160.000,01 a 2.340.000,00	13,70%	3,86%	2,05%	2,35%	0,44%	5,00%
De 2.340.000,01 a 2.520.000,00	14,15%	4,23%	2,07%	2,39%	0,46%	5,00%
De 2.520.000,01 a 2.700.000,00	14,60%	4,60%	2,10%	2,43%	0,47%	5,00%
De 2.700.000,01 a 2.880.000,00	15,05%	4,90%	2,19%	2,47%	0,49%	5,00%
De 2.880.000,01 a 3.060.000,00	15,50%	5,21%	2,27%	2,51%	0,51%	5,00%
De 3.060.000,01 a 3.240.000,00	15,95%	5,51%	2,36%	2,55%	0,53%	5,00%
De 3.240.000,01 a 3.420.000,00	16,40%	5,81%	2,45%	2,59%	0,55%	5,00%
De 3.420.000,01 a 3.600.000,00	16,85%	6,12%	2,53%	2,63%	0,57%	5,00%

Vejamos alguns exemplos:

a) Uma **microempresa comercial**, com faturamento médio mensal de R$ 20.000, pagaria o seguinte valor:

⇨ R$ 20.000 × 5,47% = R$ 1.094

Note que com o faturamento mensal de R$ 20.000, totalizaria uma receita anual de R$ 240.000, logo a alíquota de enquadramento na tabela é a segunda faixa.

b) Uma empresa **industrial de pequeno porte** com faturamento médio mensal de R$ 50.000 pagaria o seguinte valor:

⇨ R$ 50.000 × 8,04% = R$ 4.020

Note que com o faturamento médio mensal de R$ 50.000, totalizaria uma receita anual de R$ 600.000, logo a alíquota de enquadramento é a quarta faixa.

c) Uma **microempresa de prestação de serviços** com faturamento médio mensal de R$ 25.000 pagaria o seguinte valor:

⇨ R$ 25.000 × 6,54% = R$ 1.635

Note que com o faturamento mensal de R$ 25.000, totalizaria uma receita anual de R$ 300.000, logo a alíquota de enquadramento também é na segunda faixa.

4.2 Lucro Presumido

Empresas com receita bruta anual de até setenta e oito milhões de reais (R$ 78.000.000)[4] poderão utilizar-se do regime de tributação pelo lucro presumido que é apurado em geral, trimestralmente.

A base de cálculo para aplicação da alíquota de 15% é a seguinte:

✓ Venda de produtos => 8% sobre a receita bruta.

✓ Prestação de serviços => 32% sobre a receita bruta.

---

[4] Esse valor também é revisto periodicamente.

Ressalte-se ainda que sobre a parcela que exceder a R$ 20.000 mensais (R$ 60.000 trimestrais) será cobrado um adicional de 10%.

Vejamos um exemplo:

A empresa comercial Alfa Ltda. apresentou uma receita bruta no trimestre de R$ 15.000.000, decorrente de vendas de produtos. O cálculo do valor do imposto de renda (IR) a pagar seria efetuado da seguinte maneira:

Base de cálculo IR=> R$ 15.000.000 × 8% = R$ 1.200.000.

Imposto de renda => R$ 1.200.000 × 15% = R$ 180.000.

Base de cálculo adicional => R$ 1.200.000 – R$ 60.000 = R$ 1.140.000

R$ 1.140.000 × 10% = R$ 114.000

Total a recolher => R$ 294.000 (R$ 180.000 + R$ 114.000)

Diferente do Simples, onde em apenas um recolhimento a empresa efetua diversos pagamentos, no caso do lucro presumido a empresa deverá ainda apurar e recolher também o ICMS (empresas industriais e comerciais), o ISS (empresas prestadoras de serviços) e todos os demais tributos a que estiver sujeita.

4.3 Lucro Real

Quando a receita bruta for superior a setenta e oito milhões de reais, a empresa deverá, obrigatoriamente, ser tributada com base no lucro real. Diferente dos outros regimes de tributação cuja base de cálculo é a receita bruta, no caso do lucro real a base de cálculo, conforme o nome já insinua, é o lucro do período. Nesse sentido, como o cálculo é sobre o lucro que é obtido pela diferença entre a receita e os custos e despesas, é fundamental que a empresa se preocupe com todos os gastos dedutíveis para viabilizar uma menor carga tributária, uma vez que apenas esses gastos são considerados na apuração do lucro tributável.

Gastos dedutíveis (custos ou despesas), conforme as normas fiscais, são aqueles inerentes à atividade-fim e necessários à condução do negócio. Por exemplo, em uma empresa de transporte, o gasto com combustíveis (custo) é dedutível para fins fiscais.

Por outro lado, nessa mesma empresa, as multas de trânsito não são dedutíveis para fins fiscais ou ainda o gasto com a festa de final de ano dos funcionários também não é dedutível, uma vez que o primeiro refere-se a uma punição e a festa trata-se de uma liberalidade e ambos não fazem parte das atividades operacionais da empresa.

A apuração do imposto de renda pelo lucro real é feita normalmente de forma trimestral e no final do ano são feitos os devidos ajustes, se necessários.

Como a empresa pode ter tido durante o período custos e despesas tanto dedutíveis como não dedutíveis, bem como receitas tributadas e não tributadas, é necessário apurar corretamente o lucro que servirá de base para o imposto. Nesse sentido, é utilizado o LALUR – livro de apuração do lucro real –, no qual são registrados e evidenciados todos os ajustes – deduções e acréscimos – para a apuração da base de cálculo.

Além da provisão para imposto de renda da pessoa jurídica (PIRPJ), é calculada também a contribuição sobre o lucro líquido (CSLL).

Considere o seguinte exemplo:

Provisão para a CSLL:

Descrição	R$
(=) Lucro líquido antes da CSLL e IR	200.000
(+) Adições:	
Multas	1.500
(=) Base de cálculo da CSLL	201.500
Provisão para a CSLL (R$ 201.500 × 9%)	**18.135**

Provisão do IRPJ do trimestre:

Descrição	R$
(=) Lucro líquido após a CSLL	181.865
(+) Adições:	
Provisão para a CSLL	18.135
Multas	1.500
(=) Lucro Real do período	201.500
Provisão para a IR (R$ 201.500 × 15%)	30.225
Adicional (R$ 201.500 – R$ 60.000 × 10%)	14.150
Total de IRPJ (30.225 + 14.150)	**R$ 44.375**

4.4 Outros tributos

Exceto para as empresas que estão autorizadas por lei e adotam o Simples e, por conseguinte, com apenas um pagamento já recolhem diversos tributos, todos os demais contribuintes são obrigados a efetuar o pagamento dos demais tributos separadamente. Vejamos alguns desses tributos.

a) IPI

O imposto sobre produtos industrializados – IPI incide sobre qualquer operação que modifique a natureza, a finalidade ou aperfeiçoe para consumo qualquer produto. É um imposto não cumulativo, ou seja, os valores incidentes sobre as saídas (I) poderão ser compensados com o IPI incidente sobre as entradas (II). Nesse sentido, se I for maior que II haverá o recolhimento da diferença. Caso contrário, haverá um crédito para compensação futura.

São fatos geradores do IPI:

1) o desembaraço aduaneiro de produto de procedência estrangeira;

2) a saída de produto do estabelecimento industrial, ou equiparado a industrial.

O percentual de todos os produtos tributados pelo IPI é listado na TIPI (tabela[5] de IPI) e varia conforme o produto.

Por exemplo, o chope tem uma alíquota de 40%, bolachas e biscoitos, 10% e cigarros, 300% e assim por diante.

Exemplo de cálculo:

✓ Valor da nota fiscal da compra de biscoitos – R$ 10.000.

✓ IPI na nota fiscal = R$ 1.000 (R$ 10.000 × 10%).

✓ Total da nota fiscal a ser pago pelo comprador = R$ 11.000.

---

[5] Disponível no *site* da Receita Federal. <http://www.receita.fazenda.gov.br/aliquotas/tabincidipitipi.htm>.

b) PIS e COFINS[6]

O fato gerador do programa de integração social – PIS e a contribuição para financiamento da seguridade social – COFINS é a receita bruta mensal da qual são excluídos os seguintes valores, caso componham o valor da receita:

a) das receitas isentas ou não alcançadas pela incidência da contribuição ou sujeitas à alíquota zero;

b) das vendas canceladas;

c) dos descontos incondicionais concedidos;

d) do IPI;

e) do ICMS, quando destacado em nota fiscal e cobrado pelo vendedor dos bens ou prestador dos serviços na condição de substituto tributário (essa regra não se aplica ao ICMS incidente sobre operações da empresa, na condição de contribuinte);

f) das reversões de provisões e das recuperações de créditos baixados como perdas, que não representem ingresso de novas receitas;

g) dos resultados positivos da avaliação de investimentos pelo valor do patrimônio líquido;

h) dos lucros e dividendos derivados de investimentos avaliados pelo custo de aquisição, que tenham sido computados como receita;

i) das receitas não operacionais, decorrentes da venda de bens do ativo permanente;

j) das receitas de revenda de bens em que a contribuição já foi recolhida pelo substituto tributário;

k) das receitas excluídas do regime de incidência não cumulativa, constantes do art. 10 da Lei nº 10.833/03.

Considere o seguinte exemplo:[7]

✓ Receita bruta de vendas em Abr./X1: R$ 750.000 (com IPI).

---

[6] **Fonte**: Andrade, Lins e Borges (2013).

[7] **Fonte**: Andrade, Lins e Borges (2013).

✓ Vendas canceladas em Abr./X1: R$ 50.000.

✓ Débito de IPI em Abr./X1: R$ 75.000.

A base de cálculo do PIS/COFINS será obtida da seguinte maneira:

✓ 750.000 – 50.000 – 75.000 = R$ 625.000.

Considerando que, em regra, as alíquotas do PIS e da COFINS, com a incidência não cumulativa, são, respectivamente, de 1,65% e 7,6% sobre a receita bruta, teríamos:

✓ PIS = R$ 10.312,50 (R$ 625.000 × 1,65%).

✓ COFINS = R$ 47.500,00 (R$ 625.000 × 7,6%).

c) ISS

O imposto sobre serviços é um imposto municipal, e, como o nome já declara, incide sobre a prestação de serviços.

> **Nota:**
>
> A base de cálculo do imposto é o preço do serviço.
>
> Considera-se preço tudo que for cobrado em virtude da prestação do serviço, em dinheiro, bens, serviços ou direitos, inclusive a título de reembolso, reajustamento, doação, contribuição, patrocínio ou dispêndio de qualquer natureza.
>
> Os descontos ou abatimentos concedidos sob condição também integram o preço do serviço.

Fonte: Andrade, Lins e Borges (2013).

A alíquota pode variar de Município para Município. Entretanto, a alíquota mais comum e que se aplica em uma parte significativa dos Municípios é a de 5% sobre o valor da receita bruta.

Exemplo:

- ✓ Serviço prestado de assessoria contábil = R$ 20.000.
- ✓ Valor do ISS = R$ 1.000 (R$ 20.000 × 5%).

No caso do prestador de serviços ser profissional de profissão regulamentada (sociedade uniprofissional), como, por exemplo, médicos, enfermeiros, contadores, advogados, engenheiros etc., o cálculo do ISS é diferenciado tanto em relação a base de cálculo, quanto em relação ao percentual.

Conforme Andrade, Lins e Borges (2013), a base de cálculo do ISS dessas sociedades uniprofissionais é diferente, utilizando o número de profissionais como parâmetro, nos seguintes termos:[8]

a) para cada profissional habilitado, sócio, empregado ou não, até o número de cinco, fica fixada a base de cálculo em R$ 2.850,74, por profissional habilitado.

Exemplo: Uma empresa constituída por quatro profissionais habilitados.

Base de cálculo = R$ 2.850,74 × 4 profissionais = R$ 11.402,96.

ISS = R$ 228,06 (R$ 11.402,96 × 2%).

b) para cada profissional habilitado, sócio, empregado ou não, que exceder a cinco e até dez, fica fixada em R$ 4.276,14, por profissional habilitado excedente a cinco, a base de cálculo.

Exemplo: Uma empresa constituída por oito profissionais habilitados.

Base de cálculo1 = R$ 2.850,74 × 5 profissionais = R$ 14.253,70.

Base de cálculo 2 = R$ 4.276,14 × 3 profissionais = R$ 12.828,42.

Base de cálculo total = R$ 27.082,12 (R$ 14.253,70 + R$ 12.828,42).

ISS = R$ 541,64 (R$ 27.082,12 × 2%).

---

[8] A Secretaria de Fazenda do Município emite os valores correspondentes para cada ano. Os valores abaixo são relativos ao ano de 2012. Disponível em: <http://www.rio.rj.gov.br/web/smf/exibeconteudo?article-id=141556>. Acesso em: 10 abr. 2014.

c) para cada profissional habilitado, sócio, empregado ou não, que exceder a dez, fica fixada em R$ 5.703,09 por profissional habilitado excedente a dez, a base de cálculo.

Exemplo: Uma empresa constituída por 12 profissionais habilitados.

Base de cálculo 1 = R$ 2.850,74 × 5 profissionais = R$ 14.253,70.

Base de cálculo 2 = R$ 4.276,14 × 5 profissionais = R$ 21.380,70.

Base de cálculo 3 = R$ 5.703,09 × 2 profissionais = R$ 11.406,18.

Base de cálculo total = R$ 47.040,58 (R$ 14.253,70 + R$ 21.380,70 + R$ 11.406,18).

ISS = R$ 940,81 (R$ 47.040,58 × 2%).

d) ICMS

O imposto sobre circulação de mercadorias e serviços – ICMS é um imposto estadual, não cumulativo e incide sobre a movimentação de mercadorias. Segundo as normas, são contribuintes desse imposto toda pessoa física ou jurídica que realize cotidianamente operações de circulação de mercadorias com finalidade comercial.

> **Nota:**
>
> O cálculo do ICMS e suas obrigações acessórias (não contempladas neste livro), assim como os impostos federais, são ainda as mais complexas tarefas executadas pelos contadores.
>
> Como é um imposto estadual, são diversas legislações e alíquotas que variam de Estado e regiões do Brasil e são alteradas com alguma frequência.
>
> Diversos ainda são os casos de imunidades, não incidências, isenções etc., o que torna o assunto extremamente complexo. Nesse tópico, conforme os objetivos do livro, são apresentados apenas os conceitos e cálculos básicos.

Exemplos[9] de base de cálculo:

Suponha que uma empresa comercial estabelecida no RJ realize as seguintes operações:

a) compras no exterior de mercadorias para revenda, no valor de R$ 20.000; e

b) venda para contribuinte varejista localizado em SP, no valor de R$ 32.000 + frete de R$ 600.

Considere ainda os seguintes gastos relativos à operação de compra:

– Imposto de importação de R$ 3.000.

– Despesas aduaneiras de R$ 1.800.

– IPI de R$ 2.976.

A base de cálculo do ICMS para as entradas (compras) será composta pelos seguintes encargos, exemplificados no quadro a seguir:

Itens	Valor
Valor da mercadoria	20.000
Imposto de Importação	3.000
Despesas Aduaneiras	1.800
IPI	2.976
Base de Cálculo do ICMS	27.776

No caso da venda, a base de cálculo será composta dos seguintes itens:

Itens	Valor
Valor da mercadoria	32.000
Frete	600
Base de Cálculo do ICMS	32.600

---

[9] **Fonte**: Andrade, Lins e Borges (2013).

Observa-se que a base de cálculo, segundo os preceitos legais, deve incorporar não só o valor da mercadoria, mas todos os valores cobrados pelo remetente do destinatário, incluindo todos os gastos necessários para colocar o produto disponível para venda.

Considerando que o imposto é não cumulativo, no final do período, o ICMS apurado na compra é confrontado com o ICMS da venda. Se este último for maior, recolhe-se aos cofres públicos; se for menor, ficará aguardando os períodos seguintes.

Exemplo de aplicação das alíquotas:[10]

Suponha que a Empresa Comercial EX Ltda., estabelecida no RJ, realize as seguintes operações:

a. Compra de mercadorias para revenda no valor de $ 10.000, cujo fornecedor é estabelecido em SP.

b. Compra de mercadorias para revenda no valor de $ 15.000, cujo fornecedor é estabelecido no RJ.

c. Venda de mercadorias para cliente estabelecido em MG, pelo valor de $ 22.000.

d. Venda de mercadorias por $ 29.000 para cliente estabelecido no RJ.

e. Venda de mercadoria para cliente da PB, por $ 7.000.

No quadro abaixo aparecem os cálculos do ICMS para cada operação:

Item	Operação	Origem	Destino	BC[11]	Alíquota	Vr. ICMS
a	Compra	SP	RJ	10.000	12%	1.200
b	Compra	RJ	RJ	15.000	18%	2.700
c	Venda	RJ	MG	22.000	12%	2.640
d	Venda	RJ	RJ	29.000	18%	5.220
e	Venda	RJ	PB	7.000	7%	490

---

[10] **Fonte**: Andrade, Lins e Borges (2013).

[11] BC = Base de Cálculo.

Observe-se que na hipótese de operações internas, quando destinatário e remetente estão estabelecidos no mesmo Estado, foi utilizada a alíquota básica de 18%, atribuída à maioria dos produtos. Mas existem outras alíquotas previstas na legislação, não aplicáveis a esse exemplo.

Nos casos em que as operações são interestaduais, quando destinatário e remetente estão estabelecidos em Estados diferentes, foram utilizadas as alíquotas atribuídas a cada região do país. Assim, a operação (c) tinha como destino o Estado de MG, na Região Sudeste, à qual é atribuída a alíquota de 12%. Da mesma forma, quando o destino é RJ, também na Região Sudeste, aplicou-se 12%. A operação destinada à PB, na Região Nordeste, foi tributada com a alíquota de 7%.

4.5 Exercícios de fixação

a) Considere as seguintes informações:

- Custo das Mercadorias Vendidas 17.920.

- Despesas Administrativas e de Vendas 4.500.

- Outras Despesas Operacionais 1.000.

- Receita Líquida de Vendas 32.420.

Após o levantamento da Demonstração do Resultado do Exercício e considerando que o somatório das alíquotas do Imposto de Renda e Contribuição Social é de 25% e que o lucro real é igual ao contábil, teremos um Lucro Líquido do Exercício no valor de:

1) 6.500.

2) 6.750.

3) 10.600.

4) 21.120.

5) 1.000.

b) Visando aumentar a sua produção, a empresa Ultra S/A adquiriu uma máquina nas seguintes condições:

I. R$ 200.000 referentes ao valor de compra a vista, líquido dos tributos recuperáveis.

II. R$ 50.000 referentes aos custos de instalação e preparação do local.

III. R$ 20.000 referentes aos gastos para ampliação do estoque para comportar a nova produção.

IV. R$ 25.000 referentes ao frete e seguro.

Com base nessas informações, o valor da máquina a ser registrado na contabilidade será:

(1) R$ 200.000.

(2) R$ 250.000.

(3) R$ 225.000.

(4) R$ 275.000.

(5) R$ 295.000.

c) A empresa Musa Ltda. adquiriu matéria-prima por R$ 1.500.000 a vista. No valor pago estavam inclusos os impostos recuperáveis de R$ 270.000. Qual é o valor registrado no estoque?

(1) R$ 1.770.000.

(2) R$ 1.230.000.

(3) R$ 1.500.000.

(4) R$ 1.700.000.

d) Comente as características de cada um dos regimes de tributação. Dê exemplos de cálculos.

5

ENTENDENDO OS CUSTOS EMPRESARIAIS

Objetivos do capítulo[1]

O objetivo deste capítulo é proporcionar ao leitor noções dos custos empresariais. Conforme já comentado em capítulos anteriores, a previsão/projeção dos custos antes de iniciar um negócio, bem como o controle rigoroso sobre o mesmo, proporciona uma vantagem competitiva interessante para o empreendedor.

Outro objetivo do capítulo é fornecer ferramentas para análise de desempenho de forma a determinar, por exemplo, quais melhores produtos e como avaliar uma proposta de um cliente fora dos preços praticados pela empresa.

As atividades empresariais se dividem em industrial, comercial ou prestação de serviços. Dentre essas, a mais complexa é a industrial, pois envolve tanto os produtos prontos, quanto os produtos em processo de fabricação, que requerem cuidados especiais na apuração do seu valor. Além disso, a atividade industrial exige um perfeito entrosamento temporal entre o volume de matéria-prima, aplicação da mão de obra direta e demais custos indiretos de fabricação.

---

[1] Como já comentado anteriormente, este livro busca uma linguagem simples e objetiva para não contadores. Nesse sentido, não é minha intenção aprofundar conceitos técnicos e/ou esgotar o assunto. Caso o leitor entenda como necessário aprofundar seus conhecimentos em custos, recomendo o livro *Gestão de custos*: contabilidade, controle e análise, da Editora Atlas, de minha coautoria.

A atividade comercial por sua vez envolve basicamente a compra e venda de produtos. Nesse caso o empresário atua basicamente como um intermediário entre o fabricante e o consumidor final.

Já no caso do prestador de serviços, segmento que mais emprega no Brasil, normalmente a apuração dos custos está baseada principalmente no volume de horas de mão de obra direta demandada em cada atividade. Além disso, a prestação de serviços comumente não envolve a existência de estoques ou, quando existem, são de pequeno valor.

> **Nota:**
>
> O pleno conhecimento e o controle rigoroso sobre os custos em qualquer atividade empresarial são fundamentais!
>
> Em uma economia de concorrência perfeita, onde os preços são determinados pelo mercado, o correto controle dos custos pode ser a diferença entre o sucesso e o não sucesso! Por um motivo muito simples.
>
> O ganho/lucro do negócio está na diferença positiva entre os preços praticados e os custos. Quanto maior for essa diferença, maior o ganho. Considerando que os preços são efetivamente ditados pelo mercado, se o empresário quiser aumentar esse ganho só pode atuar nas duas pontas: ou aumenta o preço ou reduz os custos. Um aumento de preço provavelmente afetará negativamente o volume de vendas. Nesse sentido, só resta reduzir os custos!

5.1 Conceitos básicos de custos

Conforme já definido anteriormente, custos são gastos relacionados direta ou indiretamente à atividade-fim da empresa e que transitam pelo estoque, com intuito de gerar receita de venda. Nesse sentido, dois conceitos são fundamentais para o empresário compreender melhor os custos da sua empresa:

✓ Custos fixos.

✓ Custos variáveis.

a) Custos fixos

Os custos fixos são aqueles que não se alteram em função da variação do volume produzido.

Um exemplo clássico desse tipo de custo é o aluguel da fábrica. Se a empresa produz uma unidade ou toda a sua capacidade máxima instalada, o valor do aluguel será o mesmo.

Vamos aprofundar um pouco mais essa questão dos custos fixos.

Considere as seguintes informações de uma mesma empresa:

Mês 1	Mês 2
Capacidade máxima = 1.000 unidades	Capacidade máxima = 1.000 unidades
Produção e venda = 10 unidades	Produção e venda = 100 unidades
Custo fixo (aluguel) = $ 10.000	Custo fixo (aluguel) = $ 10.000

Conforme os números acima, no mês 1, o custo fixo a ser alocado em cada unidade, além dos demais custos (matéria-prima e mão de obra direta e outros custos variáveis), será de $ 1.000 ($ 10.000/10), ao passo que no mês 2, como foram produzidas mais unidades, o custo fixo do aluguel foi "diluído" por mais unidades perfazendo um valor de $ 100 ($ 10.000/100) de custo unitário fixo. Se fossem produzidas e vendidas 1.000 unidades, o custo do custo fixo em cada unidade seria de $ 10 ($ 10.000/1.000). Nesse sentido, é importante que o empresário busque sempre trabalhar no máximo da sua capacidade instalada, pois, nesse caso, o "peso" dos custos fixos nos produtos será sempre o menor possível, possibilitando a consideração de possíveis descontos nos preços.

São exemplos de custos fixos: aluguel, depreciação de máquinas e equipamentos de produção, IPTU, condomínio etc.

b) Custos variáveis

Os custos variáveis abrangem todos os custos que são sensíveis ao aumento ou redução da produção.

São exemplos: matéria-prima e mão de obra direta.

Considere as seguintes informações:

Empresa de fabricação de cadeiras de plástico

Descrição	Volume Físico	Valor total
Plástico consumido na fabricação	625 kg	$ 20.000
Horas de mão de obra consumidas na fabricação	350 hr	$ 5.000[2]
Produção no período	100 unidades	

Com os dados do exemplo acima, e considerando os custos fixos de R$ 10.000 podemos calcular o custo de produção total e o custo unitário da seguinte maneira:

Matéria-prima = $ 20.000

Mão de obra = $ 5.000

Custos Indiretos de Fabricação (aluguel) = $ 10.000

Custo de Produção do Período = $ 35.000

⇨ O custo unitário seria de **$ 350** ($ 35.000/100).

Os cálculos acima foram simplificados, pois no exemplo tivemos apenas a fabricação de um único produto. Quando a empresa fabrica mais de um tipo de produto é necessário dividir (ratear) os custos fixos para todos os produtos. Essa distribuição é a grande dificuldade da contabilidade de custos!

Como é necessário estabelecer algum tipo de critério de rateio destes custos fixos, este fato pode distorcer em muito o custo de cada produto.

Partindo do exemplo anterior e mantido o mesmo valor do custo fixo, vamos considerar agora que foram produzidos três tipos de produtos: cadeira de plástico, mesa de plástico e banquinho de plástico, nas seguintes quantidades:

Cadeira de plástico = 100 unidades (mesma quantidade anterior)

Mesa de plástico = 100 unidades

Banquinho de plástico = 50 unidades

---

[2] Inclui também os encargos trabalhistas.

Outras informações:

a) Os produtos consomem a mesma matéria-prima e o consumo de plástico de cada produto é o seguinte:

✓ Cadeira de plástico = 2 kg/un

✓ Mesa de plástico = 3,5 kg/un

✓ Banquinho de plástico = 1,5 kg/un

b) Custo do kg = $ 100

c) O consumo de horas de cada produto é o seguinte:

✓ Cadeira de plástico = 1hr/un

✓ Mesa de plástico = 2h/un

✓ Banquinho de plástico = 1h/un

d) Custo da hora + encargos = $ 50/h

e) Para atender as novas produções foram necessárias as seguintes quantidades de insumos:

Produtos	Quantidade	Mat.	Total
Cadeiras	100	2	200
Mesas	100	3,5	350
Bancos	50	1,5	75
			625

Produtos	Quantidade	Hr	Total
Cadeiras	100	1	100
Mesas	100	2	200
Bancos	50	1	50
			350

f) O custo indireto de fabricação, todo fixo, é distribuído aos produtos de acordo com o consumo de matéria-prima.

Neste sentido, o rateio do custo indireto fixo do aluguel seria:

Cadeira	= 2,0 kg × 100 un.	= 200 kg	= 32%
Mesa	= 3,5 kg × 100 un.	= 350 kg	= 56%
Banquinho	= 1,5 kg × 50 un.	= 75 kg	= 12%
Total		= 625 kg	100%

Com base nas informações acima é possível determinar o custo total e unitário de cada produto:

Cadeiras plásticas:

Matéria-prima = 2 kg × $ 100 × 100 un.	= $ 20.000
Mão de obra = 1hr × $ 50 × 100 un.	= $ 5.000
Custos indiretos = $ 10.000 × 32%	= $ 3.200[3]
Total	= $ 28.200

⇒ Custo unitário = **$ 282** ($ 28.200/100)

Mesas plásticas:

Matéria-prima = 3,5 kg × $ 100 × 100 un.	= $ 35.000
Mão de obra = 2hr × $ 50 × 100 un.	= $ 10.000
Custos indiretos = $ 10.000 × 56%	= $ 5.600
Total	= $ 50.600

⇒ Custo unitário = **$ 506** ($ 50.600/100)

Banquinhos de plástico:

Matéria-prima = 1,5 kg × $ 100 × 50 un.	= $ 7.500
Mão de obra = 1hr × $ 50 × 50 un.	= $ 2.500
Custos indiretos = $ 10.000 × 12%	= $ 1.200
Total	= $ 11.200

⇒ Custo unitário = **$ 224** ($ 11.200/50)

---

[3] Note-se que, quando foi produzido só cadeiras, todo o custo fixo do aluguel ficou alocado apenas a este produto, ao passo que quando são produzidos mais itens, o mesmo custo fixo é distribuído por mais unidades.

> **Nota:**
>
> Perceba-se que o produto cadeira que individualmente apresentava um custo unitário de $ 350, quando produzido em conjunto com as mesas e os banquinhos teve seu custo reduzido para $ 282 em razão da distribuição dos mesmos custos fixos, agora por três produtos e não mais por um apenas.

5.2 Margem de Contribuição

Margem de contribuição (MC) é a diferença entre a receita e os gastos variáveis (custos + despesas) e representa quanto cada produto gera efetivamente para a empresa considerando apenas os gastos que estão direta e efetivamente relacionados a ele.

$$MC = \text{Preço de Venda} - \text{Gastos variáveis}$$

Considerando um produto com o preço de venda de R$ 100, custos variáveis (por exemplo: matéria-prima + mão de obra) no valor de R$ 30 e despesas variáveis (por exemplo: comissão de vendas) no valor de R$ 10, a margem de contribuição terá o seguinte valor:

$$MC = R\$ 100 - R\$ 30 - R\$ 10$$

$$MC = R\$ 60$$

Esse valor representa quanto esse produto "contribui" única e efetivamente para amortização dos custos fixos e geração de lucros.

É um excelente instrumento de tomada de decisão de curto prazo por parte do empresário conforme veremos a seguir.

Vamos supor que a empresa dos produtos plásticos citada anteriormente calcule o preço de venda dos seus produtos com base no dobro do custo de cada unidade.

Considere ainda que a empresa possui uma capacidade ociosa de 40%, ou seja, poderia produzir, no máximo, 167 cadeiras, a mesma quantidade de mesas e 84 banquinhos.

Vejamos o seguinte diálogo hipotético:

Cliente:

– Bom dia! Gostaria de comprar 30 mesas plásticas. Qual o seu preço?

Empresário:

– Bom dia! Nosso preço é de $ 1.000 com frete incluso.

Cliente:

– Tá muito caro! Pago, no máximo, $ 500!

Empresário:

– Que tal $ 600?

Cliente:

– Fechamos em $ 550?

Empresário:

– Fechado!

Pergunta: O empresário fez um bom negócio ao conceder um desconto absurdo de 45% sobre o seu preço atual?

Para responder a essa questão, em primeiro lugar, vamos apurar o resultado atual da empresa sem considerar a proposta:

Receitas	Preço $	Quantidade	$	Total Geral $
Cadeiras	564	100	56.400	
Mesas	1.012	100	101.200	
Bancos	448	50	22.400	180.000
Custos Variáveis[4]				
Cadeiras			25.000	
Mesas			45.000	
Bancos			10.000	– 80.000
Margem de Contribuição				100.000
Custo indireto fixo				– 10.000
Lucro				90.000

A primeira consideração que a empresa tem a fazer é avaliar a sua capacidade ociosa. É possível atender a essa nova venda sem ter que investir em maquinário/pessoal ou ter que deixar de atender outro cliente? No exemplo, a empresa possui capacidade ociosa, portanto, fisicamente é possível atender à proposta do novo cliente.

A segunda consideração diz respeito ao preço. O preço fechado pela empresa foi adequado?

Para fazer essa análise, vamos calcular a margem de contribuição unitária da proposta:

⇒ Preço da proposta   = $ 550

⇒ Custos variáveis das mesas   = $ 450 ($ 45.000/100 un)

⇒ M. de contribuição unitária   = $ 100

⇒ M. de contribuição total   = $ 3.000 ($ 100 × 30 un)

A margem de contribuição é positiva, o que implica em uma proposta interessante para a empresa, uma vez que essa poderá diluir seus custos fixos por mais unidades, já que a quantidade da proposta está dentro da sua capacidade

---

[4] Matéria-prima somada à mão de obra.

instalada, não necessitando, por conseguinte, de novos investimentos em máquinas e equipamentos etc.

Note-se ainda que até mesmo os demais produtos foram beneficiados com essa nova venda, uma vez que o custo fixo passou a ser dividido por mais unidades produzidas, implicando assim em um peso menor no custo fixo unitário de cada produto.

Com o aceite da oferta, o resultado geral da empresa seria aumentado em $ 3.000 – exatamente o valor da margem de contribuição total – conforme pode ser constatado abaixo:

Receitas	Preço $	Quantidade	$	Total $
Cadeiras	564	100	56.400	
Mesas	1.012	100	101.200	
Bancos	448	50	22.400	
Mesas – oferta	550	30	16.500	196.500
Custos Variáveis				
Cadeiras			25.000	
Mesas			45.000	
Bancos			10.000	
Mesas – oferta			13.500	– 93.500
Margem de Contribuição				103.000
Custo indireto fixo				– 10.000
Lucro				93.000

> **Atenção:**
>
> 1) É importante atentar que quando o pedido é maior que a capacidade instalada, a sua análise transcende o cálculo pela margem de contribuição, sendo necessárias novas avaliações, tais como:
>
>   a) esse pedido inesperado pode se transformar em permanente que justifique novos investimentos na capacidade instalada?

b) esse pedido inesperado justificaria deixar de atender um cliente atual, no intuito de tentar transformá-lo em permanente?

Nos dois questionamentos acima, a análise deve ser muito bem elaborada sob pena de que, no primeiro caso, a empresa incorra em gastos financeiros desnecessários e, por conseguinte, talvez comprometendo as finanças da empresa, e no segundo, a possível perda de clientes já fidelizados.

2) A prática de descontos acima da média de mercado na utilização do conceito da margem de contribuição deve ser tratada com muito cuidado por parte do empresário. Quando praticados, esses descontos devem ser muito bem justificados para o cliente. Algo do tipo: um grande pedido cancelado ou um estoque mantido para fins estratégicos, enfim, alguma justificativa para que o cliente saiba que foi algo muito excepcional e não rotineiro e que, principalmente, não vai se repetir. Essa medida é muito importante, caso contrário, a empresa poderá vir a ser constantemente pressionada a praticar preços mais baixos, além das considerações no item 3 a seguir.

3) A utilização da margem de contribuição é importante, mas se aplica de forma plena apenas para decisões pontuais e principalmente de curto prazo. No longo prazo a utilização intensa e sem critérios rigorosos da margem de contribuição poderá comprometer a saúde financeira e a continuidade da empresa.

5.2.1 Margem de Contribuição com fator de restrição

Por vezes, durante o processo produtivo, é comum a ocorrência de alguma restrição inesperada e momentânea na produção seja, por exemplo, uma falta de matéria-prima (fornecedor não entregou a mercadoria na data prevista), falta de mão de obra (greves) ou mesmo horas de máquinas (uma máquina quebrada, por exemplo).

Enfim, é possível a ocorrência de algum fator que momentaneamente restrinja de alguma forma o nível de produção programada para o período. Nesses casos, é importante o empresário saber como otimizar o resultado levando em conta essas restrições.

Considere o seguinte exemplo no qual são produzidos dois produtos, A e B, que apresentam os seguintes resultados unitários:

	A	B
Preço de venda	200	300
Matéria-prima	(60)	(90)
Mão de obra direta	(50)	(50)
Custos indiretos variáveis	(50)	(70)
Custos fixos rateados	(10)	(15)
Lucro	**30**	**75**

Supondo-se ainda as seguintes informações:

1. Em função de uma máquina em reparos, a produção ficou restrita a 15.000 horas-máquina no período.

2. Tempo de fabricação de cada produto é de 20 minutos para A e 50 minutos para B.

3. Demanda de mercado: 20.000 unidades de cada produto.

Com uma demanda de 20.000 unidades de cada produto, a empresa consome as seguintes quantidades de horas-máquina:

A = 20 min × 20.000 un./60 min   =   6.667h

B = 50 min × 20.000 un./60 min   = 16.667h

Total de horas-máquina   = 23.334h

Logo, tem-se uma carência de – 8.334 horas-máquina (15.000h – 23.334h).

Questão: Qual o produto que deve ser estimulado e em que quantidade considerando a restrição apresentada de forma a otimizar o resultado?

A primeira medida é ponderar o fator de restrição com a margem de contribuição, dividindo-se a margem de contribuição unitária pela restrição existente, conforme a seguir:

	A	B
PV	200	300
GV	(160)	(210)
MC (a)	$ 40	$ 90
Tempo (b)	20 min	50 min
MC pelo fator de restrição (a/b)	**$ 2/min**	$ 1,8/min

Como o produto A apresenta a maior margem de contribuição quando dividida pelo fator de restrição, esse será o produto que a empresa deverá atender ao máximo da demanda do mercado, ficando o restante para o outro produto. Assim teríamos:

Quantidade a ser produzida:

$$A => \frac{\textbf{20.000 un.} \times 20 \text{ min}}{60 \text{ min}} = 6.667 \text{ h}$$

$$B => \frac{\textbf{10.000 un.}^{5} \times 50 \text{ min}}{60 \text{ min}} = \frac{= 8.333 \text{ h}}{15.000 \text{ horas totais}}$$

Ou seja, a empresa atenderia toda a demanda de mercado do produto A e a metade do produto B, 10.000 unidades, para otimizar o seu resultado considerando a restrição das horas de máquina. Ressalte-se que sem restrição, o melhor produto seria o B, pois apresenta uma maior margem de contribuição unitária.

5.3 Ponto de equilíbrio

Ponto de equilíbrio (PE) é o volume de vendas, em valor e/ou em quantidade, no qual a empresa "empata" suas receitas com seus custos e despesas. Ou seja, o lucro nesse ponto é zero.

Nesse sentido, é comum muitos empresários formularem a seguinte indagação, depois de elaborado o planejamento estratégico e estabelecida a estimativa dos custos e despesas:

---

5   Volume arredondado.

Quantas unidades a empresa tem que vender para alcançar o ponto de equilíbrio?

O PE é calculado da seguinte maneira:

$\Rightarrow$ **PE = Gastos fixos totais/Margem de contribuição unitária**

Considere as seguintes informações:

Gastos variáveis (custos + despesas variáveis) = $ 2.500/un.

Preço de Venda = $ 3.500/un.

Gastos Fixos totais (custos fixos + despesas fixas) = $ 1.000.000/ano

Logo: GFt/MC un.[6] => 1.000.000/($ 3.500 – $ 2.500)

$\Rightarrow$ **Q = 1.000 unidades**

Conferindo o resultado:

Receitas de Vendas	=	$ 3.500 × 1.000 un.	=	$ 3.500.000
Gastos Variáveis	=	$ 2.500 × 1.000 un.	=	($ 2.500.000)
Gastos fixos			=	($ 1.000.000)
Resultado			=	0

No exemplo acima, se a empresa vender 1.000 unidades, alcançará o seu ponto de equilíbrio, onde não há lucro ou prejuízo.

---

[6] Margem de contribuição unitária.

Nota:

O ponto de equilíbrio é a meta inicial e crucial de todo empresário, principalmente em se tratando de iniciantes.

No caso daqueles que estão na fase de planejamento do seu futuro negócio, é fundamental, repito, fundamental ter certeza que no início dos negócios, no mínimo, e se possível com alguma folga, o ponto de equilíbrio será alcançado. Caso contrário repense um pouco mais a adequação e pertinência do negócio naquele momento....

Vejamos a seguir algumas derivações do ponto de equilíbrio.

a) Ponto de equilíbrio econômico

Nesse ponto, o empresário está interessado em saber quantas unidades são necessárias para obter um determinado resultado e não mais o ponto onde o lucro é zero.

Utilizando o mesmo exemplo acima, vamos considerar agora que o empresário quer saber quantas unidades vendidas são necessárias para obter um lucro no período de, por exemplo, R$ 150.000.

Nesse caso teríamos:

⇨ GFt/MCun => R$ 1.000.000 + R$ 150.000/(R$ 3.500 – R$ 2.500)

⇨ **Q = 1.150 unidades**

Conferindo o resultado:

Receitas de Vendas	= R$ 3.500 × 1.150 un.	=	R$ 4.025.000
Gastos Variáveis	= R$ 2.500 × 1.150 un.	=	(R$ 2.875.000)
Gastos fixos		=	(R$ 1.000.000)
Resultado		=	**R$ 150.000**

b) Ponto de equilíbrio financeiro

Nesse ponto, o empresário está interessado em saber quantas unidades são necessárias para pagar as contas, ou seja, quantas unidades é necessário vender para pagar as despesas e custos que representem efetivamente desembolso de caixa.

Como já comentado, por exemplo, a despesa ou custo de depreciação representa o reconhecimento no resultado da empresa do desgaste do seu ativo imobilizado e, portanto, não representa um gasto desembolsável.

Vamos supor um custo de depreciação referente a máquinas e instalações no valor de R$ 70.000.

⇨ GFt/MC => R$ 1.000.000 – R$ 70.000/(R$ 3.500 – R$ 2.500)

⇨ **Q = 930 unidades**

Conferindo o resultado:

Receitas de Vendas	=	R$ 3.500 × 930 un.	=	R$ 3.255.000
Gastos Variáveis	=	R$ 2.500 × 930 un.	=	(R$ 2.325.000)
Gastos fixos			=	(R$ 1.000.000)
Resultado			=	(R$ 70.000)

Note-se que a empresa, nesse ponto, está vendendo menos que o ponto de equilíbrio original, logo apresentará um prejuízo de R$ 70.000. Entretanto, esse valor representa exatamente a depreciação que não é um desembolso de caixa. Assim, mesmo com prejuízo, vendendo 930 unidades a empresa consegue pagar todos os seus compromissos financeiros do período.

5.3.1 Ponto de equilíbrio para mais de um produto

Os cálculos efetuados no item anterior se aplicam para as empresas que trabalham com apenas um único produto principal. Entretanto essa situação de empresas que trabalham apenas com um único produto ou mesmo aquelas que têm um produto principal que responderia com, por exemplo, 70% do total das vendas e os outros 30% distribuídos entre diversos outros produtos, não é das mais comuns.

Nesse sentido, vamos analisar agora o cálculo do PE quando a empresa atua com diversos produtos.

A fórmula inicial para o cálculo do PE para diversos produtos é a seguinte:

PEV = GFt/[1 − (GVt/RVt)]

Onde:

PEV = Ponto de equilíbrio em vendas

GFt = Gasto fixo total

GVt = Gasto variável total

RVt = Receita de venda total

Considere as mesmas informações do exemplo anterior, no tópico de margem de contribuição, acrescido apenas de uma coluna de percentual:

Receitas	Preço $	Quantidade	$	%	Total $
Cadeiras	564	100	56.400	**31,3%**	
Mesas	1.012	100	101.200	**56,2%**	
Bancos	448	50	22.400	**12,4%**	**180.000**
Custos Variáveis					
Cadeiras			25.000		
Mesas			45.000		
Bancos			10.000		**− 80.000**
M. de Contribuição					100.000
Custo indireto fixo					**− 10.000**
Lucro					90.000

Efetuando o cálculo do PEV, teríamos:

PEV = 10.000/[1 − (80.000/180.000)] = **R$ 18.000**

Com base no valor do PEV e nos percentuais das receitas, é possível distribuir o ponto de equilíbrio em volume de vendas por produto, bastando dividir o valor PEV por produto pelo seu respectivo preço conforme a seguir:

Produto	% s/ RVT	PEV (a)	Preço (b)	PE (c = a/b)
Cadeira	31,3	5.640	564	**10**
Mesa	56,2	10.120	1.012	**10**
Banquinhos	12,4	_2.240_	448	5
Total		**18.000**		

Assim, mantida a mesma estrutura de custos, para alcançar o ponto de equilíbrio é necessário vender 10 unidades das cadeiras e mesas e 5 unidades dos banquinhos.

Conferindo os cálculos agora com as novas quantidades no ponto de equilíbrio, teríamos:

Receitas no PE	Preço $	Quantidade	$	Total $
Cadeiras	564	10	5.640	
Mesas	1.012	10	10.120	
Bancos	448	5	2.240	18.000
Custos Variáveis				
Cadeiras			2.500	
Mesas			4.500	
Bancos			1.000	– 8.000
Margem de Contribuição				10.000
Custo indireto fixo				– 10.000
Lucro				0

5.4 Exercícios de fixação

a) Qual é a principal diferença entre custos e despesas?

b) Classifique os gastos a seguir como custos (C) ou despesas (D). No caso dos custos, classifique-os também em diretos ou indiretos; fixos ou variáveis:

Atividade: Hospital

✓ Energia elétrica do estacionamento.

✓ Pessoal terceirizado da segurança.

✓ Gasto com o transporte do lixo hospitalar.

✓ Salário dos médicos.

✓ Bolsa de estudo para os estudantes de medicina em residência médica.

✓ Tratamento de água.

✓ Energia elétrica da enfermaria.

✓ Medicamentos.

✓ Depreciação das ambulâncias.

✓ Manutenção dos equipamentos.

✓ Gastos com o restaurante (terceirizado).

✓ Gastos com a lavanderia.

✓ Salário dos enfermeiros.

✓ Salário do diretor do hospital.

✓ Salário dos condutores de macas.

✓ Salário da psicóloga que acompanha os parentes de pacientes no CTI.

✓ Salário das atendentes.

✓ Salário do manobrista.

✓ Depreciação dos equipamentos.

c) "Custos fixos são aqueles que não variam em função do volume produzido, entretanto, variam na unidade quando há um aumento na produção." Você concorda com a afirmação? Justifique.

d) Considere as informações abaixo.

Situação 1:

Capacidade máxima = 1.000 unidades

Produção e venda do produto Alfa = 500 unidades

Custo fixo (aluguel) = $ 10.000

Pede-se: Qual é o custo unitário fixo que será atribuído ao produto Alfa?

Situação 2:

Capacidade máxima = 1.000 unidades

Produção e venda do produto Alfa = 500 unidades

Produção e venda do produto Beta = 400 unidades

Custo fixo (aluguel) = $ 10.000

Pede-se: Qual o custo unitário fixo que será atribuído aos produtos Alfa e Beta?

e) A empresa Guanabara Ltda. apresentava a seguinte estrutura de custos na fabricação de 2 produtos: Uno e Duo, ambos utilizando a mesma matéria-prima.

– Custos fixos = R$ 200.000

– O rateio dos custos fixos é feito com base no consumo de matéria-prima.

– O custo unitário da matéria-prima por quilo foi de R$ 100.

– O custo unitário da mão de obra mais encargos foi de R$ 50.

– Os insumos por unidade e a produção são as seguintes:

	Uno	Duo
Matéria-prima	20 Kg	30 Kg
Mão de obra	6hs	3hs
Produção do período	100 unidades	150 unidades

Pede-se: Qual o custo unitário e total de cada produto?

f) A empresa Ravier Ltda. produz e vende mensalmente 1.000 unidades do produto XT por um preço de venda de R$ 200 cada. Sua capacidade de produção é de 1.300 unidades. Seus custos variáveis unitários relativos a esse produto são de R$ 80 e o total dos custos fixos totais perfazem R$ 60.000.

Pede-se:

1) Qual o resultado da empresa no período?

2) A empresa recebeu uma proposta de venda de 200 unidades no valor de R$ 110 a unidade, ou seja, bem abaixo dos R$ 200 praticados atualmente pela empresa no mercado. A empresa deve ou não aceitar a oferta? Justifique.

g) A empresa RN Ltda. apresentava 4 produtos no seu *mix* de produtos com a seguinte composição por unidade, conforme o quadro abaixo:

Produtos	Preço de venda	Gastos variáveis	Custos fixos	Volume produzido e vendido	Consumo de matéria-prima (kg)
Alfa	450	210	50	200	20
Bravo	1.000	250	180	500	30
Charles	700	300	20	600	50
Delta	2.500	2.590	45	300	35

Pede-se:

1) Determine o resultado do período.

2) Qual o melhor produto para a empresa e qual deve ser eliminado? Justifique.

3) Após eliminar o pior produto conforme o item 2 acima, responda: por um problema com o fornecedor, a empresa só tem disponível para a produção 40.000 quilos de matéria-prima. Considerando que o mercado compra o atual volume vendido, qual seria o melhor mix de produtos que otimize o resultado considerando essa restrição?

h) A empresa May S.A. apresenta a seguinte estrutura de custos para o seu produto XY:

✓ Preço de venda = R$ 1.500.

✓ Gastos variáveis = R$ 500.

✓ Gastos fixos = R$ 4.000.000.

✓ Despesa de depreciação = R$ 120.000.

Pede-se:

1) Quantas unidades deverão ser vendidas para alcançar o ponto de equilíbrio?

2) Quantas unidades devem ser vendidas para alcançar o ponto de equilíbrio financeiro?

3) Supondo que o empreendedor quer ter um lucro de R$ 500.000 no período, quantas unidades devem ser vendidas?

i) A Mr. Doging opera uma cadeia de sapatarias. As lojas vendem 10 diferentes estilos de sapatos masculinos com o mesmo custo unitário e preço de venda para o par. Cada loja possui um gerente que recebe um salário fixo. Conforme acontece nas empresas do ramo, os vendedores recebem um salário fixo mais uma comissão sobre as vendas. A empresa está tentando determinar as vantagens de abrir uma nova loja. Nesse sentido, espera incorrer nos seguintes custos e receitas conforme os quadros abaixo:

Descrição	Valor por Par
Dados variáveis unitários:	
Preço de Venda	$ 31,00
Custo dos sapatos	$ 19,50
Comissão de vendas	$ 1,50
Custos variáveis totais	$ 21,00

Despesas fixas anuais:	
Aluguel	$ 60.000
Salários fixos	$ 200.000
Propaganda	$ 80.000
Outras despesas fixas	$ 20.000
Total dos gastos fixos	$ 360.000

Pede-se: (considere cada questão separadamente)

1) Qual é o ponto de equilíbrio anual em (a) unidades vendidas e em (b) receitas?

2) Se forem vendidas 35.000 unidades qual seria o resultado da loja?

3) Se as comissões sobre vendas fossem substituídas por um aumento de $ 81.000 nos salários fixos, qual seria o ponto de equilíbrio em unidades e em receita?

4) Se o gerente da loja for remunerado em $ 0,30 de comissão por cada unidade vendida além do seu salário fixo anual, qual seria o ponto de equilíbrio anual em unidades e em receita?

6

ENTENDENDO A GESTÃO FINANCEIRA

Objetivos do capítulo

O objetivo deste capítulo é proporcionar uma visão geral da gestão financeira de um empreendimento. Aborda a formação de preços, bem como a análise dos números apresentados pela contabilidade referentes ao balanço patrimonial e demonstração do resultado do exercício.

A gestão financeira ideal, sem dúvida, é aquela na qual o empresário recebe todas as suas vendas a vista e paga todas as compras a prazo e pelo preço de a vista! Entretanto, essa situação é uma possibilidade extremamente remota, diria que impossível! Logo, o empresário precisa buscar um equilíbrio de forma a receber sempre primeiro dos clientes e pagar depois aos seus fornecedores.

Por exemplo, se em média a empresa vende para recebimento em até 60 dias, o pagamento aos fornecedores deve ser programado em média para 90 dias, de forma a se ter uma pequena "folga" no caixa de 30 dias. Se não for possível essa folga, a empresa deve ter todo o cuidado para manter, no mínimo, os pagamentos sempre superiores a 60 dias.

Outro ponto fundamental é o gerenciamento próprio dos recebimentos de vendas em atraso. Como, por exemplo, naqueles casos em que as vendas são financiadas pela própria empresa diretamente ao cliente. Essa situação deve ser evitada, uma vez que nos dias atuais existem diversos meios de financiamento disponíveis, tais como cartões de crédito e débito com menos riscos de fraudes e principalmente inadimplência.

Ressalte-se ainda que, mesmo com a cobrança pelos bancos de altas tarifas para vendas com cartões, esta ainda é muito interessante para a empresa em razão da comodidade aos clientes e principalmente pela maior garantia de recebimento, desde que as referidas tarifas sejam devidamente incorporadas às despesas e, por conseguinte, nos preços.

6.1 Estabelecimento do preço de venda: a vista e a prazo

Em um mercado de concorrência perfeita, ou seja, sem nenhum monopólio[1] ou cartel,[2] quem dita o preço é o mercado consumidor em razão da concorrência entre as empresas. Essa é uma verdade indiscutível.

Nesse sentido, avaliar corretamente a adequação do preço de venda da cada produto é fundamental para o bom andamento do negócio, principalmente antes de entrar no mercado ou lançar um produto ou uma linha nova.

Óbvio que as empresas tentam trabalhar sempre com o preço máximo praticado/suportado pelo mercado. Entretanto, é preciso salientar que nem sempre a empresa possui custos otimizados a ponto de poder competir de igual para igual com a concorrência. Daí a importância da correta e precisa apuração dos custos dos produtos, principalmente na fase de planejamento ou durante a avaliação da viabilidade de lançamento de um novo produto.

Assim, antes do lançamento de um produto, é importante conhecer o preço médio praticado pelo mercado e, a partir dessa informação, avaliar se a empresa possui estrutura de custos adequada de modo a garantir um preço competitivo dentro de uma margem de lucro mínima esperada. Esse tipo de avaliação é denominado de "custo-meta" e é muito importante, pois pode ajudar a evitar novos empreendimentos sem preços competitivos ou ainda a entrada de novos produtos sem uma competitividade adequada.

Consideremos um dos exemplos apresentados anteriormente:

---

[1] Quando uma única empresa domina um produto ou segmento econômico de forma a impor seu preço.

[2] Quando diversas empresas, normalmente do mesmo segmento, entram em acordo para combinação de preços e restrições aos consumidores.

Cadeiras plásticas:

Matéria-prima = 2 kg × $ 100 × 100 un.	= $ 20.000
Mão de obra = 1hr × $ 50 × 100 un.	= $ 5.000
Custos indiretos = $ 10.000 × 32%	= $ 3.200
Total	=$ 28.200

$\Rightarrow$ Custo unitário = **$ 282** ($ 28.200/100)

No exemplo acima é possível depreender que se o produto for vendido no mercado, em média, por algo em torno de R$ 280, não é interessante produzir e vender esse produto. Mas como saber qual o preço mínimo que o mercado deveria pagar para que seja interessante produzir?

Bom, vamos supor que o lucro desejado seja 35% do custo. Assim, para calcularmos o preço de venda mínimo, basta efetuar a seguinte conta:

$\Rightarrow$ **Custo unitário /(1 – lucro desejado)**

No nosso exemplo, o preço de venda mínimo seria:

$\Rightarrow$ R$ 282/(1 – 0,35)

$\Rightarrow$ R$ 282/0,65

$\Rightarrow$ **R$ 433,84**

Testando:

Preço de Venda	= R$ 433,84
Custo Unitário	= R$ 282,00
Lucro	= R$ 151,84 => que é igual a 35% de R$ 433,84

Nesse sentido, se o preço do produto praticado pelo mercado for igual ou inferior a R$ 433,84, o empreendedor deve avaliar detidamente se é conveniente ou não produzir esse item. Por outro lado, um preço maior que esse é muito interessante para a empresa.

Vejamos agora a análise de um novo exemplo por outro ângulo considerando primeiramente o preço praticado pelo mercado.

Supondo agora que o preço praticado pelo mercado seja R$ 400. Nesse caso, o custo máximo suportado pelo empreendedor para garantir o seu lucro de 35% seria R$ 260, uma vez que esse percentual, aplicado sobre o preço de venda totalizaria um lucro de R$ 140.

Testando:

Preço de Venda	= R$ 400,00
Custo Unitário	= R$ 260,00
Lucro	= R$ 140,00 => que é igual a 35% de R$ 400.

Se após a análise do empreendedor e esse não tiver a plena certeza que poderá alcançar um custo unitário máximo de R$ 260, composto pela soma da matéria-prima, da mão de obra e dos custos indiretos de fabricação, não deverá aventurar-se no mercado.

6.1.1 Fixação de preços com base em custos

Ressalvadas as considerações apresentadas no tópico acima, principalmente a de que os preços são determinados pelo mercado, a seguir será apresentado um exemplo de um dos métodos de determinação do preço de venda com base nos custos.

A abordagem do custo total ou pleno na determinação de preços é mais relevante nas empresas cujos produtos são claramente diferenciados, como, por exemplo, nas empresas que fabricam produtos sob medida e ainda para produtos novos, nos casos em que não exista um preço médio estabelecido pelo mercado.

A principal vantagem desse método é que ele assegura, em princípio, a recuperação total dos custos, bem como a utilização de uma margem planejada de lucro. Outra vantagem desse tipo de formação de preço, desde que dotado de um bom sistema de custos, está na simplicidade do cálculo.

A primeira desvantagem desse método encontra-se no fato de desconsiderar a concorrência de mercado sobre os preços conforme já comentado, ou seja, esse tipo de formação de preço pode levar a empresa a praticar um preço irreal e, portanto, passível de rejeição de seus produtos pelo mercado.

A segunda desvantagem decorre da não separação dos custos em fixos e variáveis, o que pode acarretar na rejeição pela empresa de uma encomenda com preço que não seja suficiente para cobrir os custos totais, porém com uma margem de contribuição interessante conforme já comentado no tópico de custos.

Vejamos um cálculo de determinação de preço com base nos custos plenos do produto banquinho de plástico do nosso exemplo:

a) Custo variável unitário relativo à matéria-prima, mão de obra direta e outros custos variáveis = R$ 200,00

b) Estimativa de impostos sobre vendas = 25%

c) Custo fixo rateado por unidade produzida = $ 40,00

d) Lucro mínimo desejado por cada produto vendido = $ 150,00

Temos:

Preço de venda a vista (PVv):

⇨ PVv = Custos Variáveis + custos fixos + Lucro desejado/(1 – % de impostos)

⇨ PVv = ($ 200,00 + $ 40 + $ 150,00)/(1 – 0,25)

⇨ **PVv = $ 520,00**

Testando:

(=) PVv	= $ 520,00
(–) Custo variável	= $ 200,00
(–) Custo fixo	= $ 40,00
(–) Impostos	= $ 130,00 (520,00 × 25%)
(=) Lucro	= $ 150,00

Mantida a composição de custos acima, vamos supor agora que a venda tenha sido realizada a prazo para um recebimento total em 90 dias, com uma taxa de juros de 4%[3] ao mês.

$$PVp = PVv \ (1 + i)^n$$

Onde:

PVp = Preço de venda a prazo

i = taxa de juros mensal

n = período (meses)

Temos:

$$PVp = \$ \ 520 \ (1 + 0,04)^3$$

$$PVp = \$ \ 520 \ (1,12486)$$

$PVp = \$ \ 584,93$

Utilizando a calculadora HP12C o cálculo seria feito utilizando as seguintes teclas:

$Pv = -520,00$

$n = 3$

$i = 4$

$Pmt = 0$

$Fv =? \rightarrow \$ \ 584,93$

Suponhamos agora que a venda tenha sido realizada a prazo, sem entrada, em três prestações fixas, uma a cada trinta dias (30, 60 e 90 dias). Mantida a mesma taxa de juros do exemplo anterior, qual seria o valor de cada prestação?

$$Pr = PVv \ [(i \ (1 + i)^n / (1 + i)^n - 1]$$

---

[3] Essa taxa de juros pode ser a inflação, os juros cobrados pelos cartões, variação da poupança, enfim, o que o empresário julgar como custo do dinheiro no tempo.

Onde:

Pr = Prestações mensais

PVv = Preço de venda a vista

i = taxa de juros

n = período

Logo:

Pr = \$ 520,00 [(0,04(1 + 0,04)^3/(1 + 0,04)^3 – 1]

Pr = \$ 520,00 [0,04499/0,12486]

Pr = \$ 520,00 [0,36031]

Pr = \$ 187,38

Utilizando a calculadora HP12C, o cálculo seria feito da seguinte maneira:

Pv = – 520,00

n = 3

i = 4

Fv = 0

Pmt = ? –> \$ 187,38

6.1.2 Preços com base no retorno sobre os investimentos

Ao calcular os preços de venda acima, não foram considerados os investimentos de capital necessários para produzir, financiar e distribuir os produtos ou linhas de produtos. Ou seja, o retorno sobre o que foi aplicado em ativos na empresa ou especificamente naquele produto para produzi-lo, como, por exemplo, maquinário, instalações etc.

O retorno sobre o investimento é um bom indicador final para aferir a eficiência dos negócios.

A inclusão nos preços de venda de um fator que leve em conta o capital investido é de suma importância nas empresas que fabricam produtos múltiplos onde são necessários investimentos de capital diferente para os diversos produtos ou linhas de produtos.

Considere as seguintes informações unitárias:

Custos de matéria-prima e mão de obra	= $ 200,00
Despesas variáveis (comissões, por exemplo)	= $ 20,00
Custos fixos identificáveis	= $ 30,00
Custos identificáveis	= $ 250,00
Rateio dos custos fixos	= $ 40,00
Custo Pleno ou total	= $ 290,00
Volume anual de Vendas	= 50 unidades
Lucro desejado s/ capital investido	= 12%
Capital investido no ano	= $ 100.000

Logo temos:

PVv = Custo total + (% de retorno sobre o capital investido × capital investido)/Volume

PVv = (50 × 290,00) + (0,12 × 100.000)/50

PVv = 14.500 +12.000/50

PVv = R$ 530,00

Conferindo:

Receita anual	=> R$ 530 × 50 = $ 26.500
Custo das mercadorias vendidas	=>R$ 290 × 50 = $ 14.500
Lucro anual = retorno => 12% de $ 100.000	= **$ 12.000**

6.2 Análise de evolução e desempenho do negócio

Considerando que os números produzidos pela contabilidade da empresa são confiáveis,[4] é possível, através de indicadores de desempenho, avaliar a situação econômica e/ou financeira da empresa.

O primeiro tipo de avaliação, análise de evolução, também é conhecido por análise horizontal e vertical. Esse tipo de análise utiliza-se dos demonstrativos contábeis, notadamente o balanço patrimonial e a demonstração do resultado do exercício e possibilita verificar a evolução – positiva e negativa – da situação econômica entre duas datas ou mais datas através da comparação dessas demonstrações contábeis. O segundo tipo de avaliação compreende em geral dois enfoques: Financeiro e Econômico. Comecemos pelo primeiro.

6.2.1 Análise de evolução

Conforme mencionado no corpo do presente tópico, essa análise procura evidenciar e explicar o comportamento do patrimônio do empreendimento ao longo do tempo. Essa análise evidencia a evolução/variação e composição das contas das demonstrações contábeis ao longo de um determinado período de tempo.

6.2.1.1 Avaliação horizontal e vertical

Considere as seguintes demonstrações contábeis:

---

[4] Alguns empresários julgando-se "espertos" procuram não emitir todas as notas fiscais das vendas efetuadas na intenção de aumentar seu ganho através do pagamento de menos impostos. Como os impostos estão sempre embutidos nos preços, ao tomar essa atitude o empresário torna as informações da sua contabilidade fora da realidade, sem a menor utilidade para a tomada de decisão, bem como sujeita a multas dos órgãos de fiscalização.

a) Balanço Patrimonial

Ativo	20X13 $	20X14 $	20X15 $	20X16 $
Disponível	1.430	58.995	24.299	2.913
Clientes	48.804	47.464	48.496	59.227
Estoques	23.922	31.033	33.571	31.761
Outros Créditos	3.403	15.590	31.920	37.573
Total Circulante	**77.559**	**153.082**	**138.286**	**131.474**
Ativo Real. L. Prazo	9.022	23.734	54.075	22.599
Investimentos	73.560	68.663	70.312	73.925
Imobilizado Líquido	175.563	242.659	341.429	311.610
Total não Circulante	**258.145**	**335.056**	**465.816**	**408.134**
Total Ativo	**335.704**	**488.138**	**604.102**	**539.608**

Passivo	20X13 $	20X14 $	20X15 $	20X16 $
Empréstimos	51.147	64.858	112.690	134.775
Fornecedores	24.439	34.320	41.427	37.196
Tributos a Recolher	7.958	13.426	16.500	25.360
Outras Obrigações	18.539	12.944	18.361	17.519
Total Circulante	**102.083**	**125.548**	**188.978**	**214.850**
Financiamentos	115.658	261.541	335.794	234.654
Total não Circulante	**115.658**	**261.541**	**335.794**	**234.654**
Capital Social	63.381	63.381	63.381	63.381
Reservas	54.582	37.668	15.949	26.723
Total PL	**117.963**	**101.049**	**79.330**	**90.104**
Total Passivo	**335.704**	**488.138**	**604.102**	**539.608**

b) Demonstração do Resultado do Exercício – DRE

	20X13	20X14	20X15	20X16
DRE	$	$	$	$
Receita bruta de Vendas	373.730	430.979	475.949	465.948
(–) Deduções de vendas	– 76.767	– 89.295	– 97.949	– 101.645
Receita Líquida de Vendas	**296.963**	**341.684**	**378.000**	**364.303**
(–) Custo dos Produtos Vendidos	– 223.967	– 255.467	– 293.274	– 281.366
Lucro Bruto sobre Vendas	**72.996**	**86.217**	**84.726**	**82.937**
Despesas Comerciais	– 33.078	– 34.172	– 41.046	– 38.269
Despesas Administrativas	– 26.130	– 30.621	– 35.059	– 33.557
Despesas Financeiras Líquidas	– 18.479	– 663	– 63.085	– 13.405
Outras Receitas Operacionais	2.942	0	0	45.693
Resultado Operacional Líquido	**– 1.749**	**20.761**	**– 54.464**	**43.399**
(+/–) Resultado não Operacional	4.410	357	362	613
Resultado antes do Imposto de Renda	2.661	21.118	-54.102	44.012
(–) Provisão p/ Imposto de Renda	– 1.687	– 7.059	0	0
Lucro Líquido	**974**	**14.059**	**– 54.102**	**44.012**

Análise Horizontal

Na análise horizontal é medida a evolução das contas, tanto do balanço patrimonial quanto da DRE. Assim, é estabelecida uma data base, também chamada de "T zero", que será comparada com os anos seguintes. Esse "T zero" é identificado como indicador "100" e a partir dessa data base são feitas as comparações. Por exemplo, se no ano X1, considerado "data base", a conta estoque apresentava o valor de $ 1.000 e em X2 o valor de $ 1.500, houve uma evolução de 50% no período para essa conta especificamente. E assim é feito para todas as demais contas conforme veremos a seguir.

Ativo	20X13		20X14		20X15		20X16	
	Base	$	Índice	$	Índice	$	Índice	$
Disponível	100	1.430	4.126%	58.995	1.699%	24.299	204%	2.913
Clientes	100	48.804	97%	47.464	99%	48.496	121%	59.227
Estoques	100	23.922	130%	31.033	140%	33.571	133%	31.761
Outros Créditos	100	3.403	458%	15.590	938%	31.920	1.104%	37.573
Total Circulante	100	**77.559**	197%	**153.082**	178%	**138.286**	170%	**131.474**
Realizável L. Prazo	100	9.022	263%	23.734	599%	54.075	250%	22.599
Investimentos	100	73.560	93%	68.663	96%	70.312	100%	73.925
Imobilizado Líquido	100	175.563	138%	242.659	194%	341.429	177%	311.610
Total não Circulante	100	**258.145**	130%	**335.056**	180%	**465.816**	158%	**408.134**
Total Ativo	100	**335.704**	14541%	**488.138**	180%	**604.102**	161%	**539.608**

Passivo	20X13		20X14		20X15		20X16	
	Base	$	Índice	$	Índice	$	Índice	$
Empréstimos	100	51.147	127%	64.858	220%	112.690	264%	134.775
Fornecedores	100	24.439	140%	34.320	170%	41.427	152%	37.196
Tributos a Recolher	100	7.958	169%	13.426	207%	16.500	319%	25.360
Outras Obrigações	100	18.539	70%	12.944	99%	18.361	94%	17.519
Total Circulante	100	**102.083**	123%	**125.548**	185%	**188.978**	210%	**214.850**
Financiamentos	100	115.658	226%	261.541	290%	335.794	203%	234.654
Total não Circulante	100	**115.658**	226%	**261.541**	290%	**335.794**	203%	**234.654**
Capital Social	100	63.381	100%	63.381	100%	63.381	100%	63.381
Reservas	100	54.582	69%	37.668	29%	15.949	49%	26.723
Total PL	100	**117.963**	86%	**101.049**	67%	**79.330**	76%	**90.104**
Total Passivo	100	**335.704**	145%	**488.138**	180%	**604.102**	161%	**539.608**

No nosso exemplo, o ano de 20X13 é o "T zero" da nossa análise, ou seja, o ano base que será comparado com os demais anos. Ressalte-se que nada impede que a empresa possa realizar comparações de um ano para o outro. Entretanto, para a possibilidade de uma melhor análise evolutiva dentro de um período de tempo, é sempre interessante a comparação com uma data base. Vejamos algumas conclusões do exemplo apresentado:

- ➢ Disponível = A empresa aumentou significativamente seus valores em caixa, principalmente nos anos de 20X14 e 20X15. Esse fato talvez indique uma falta de um planejamento financeiro mais adequado, uma vez que os recursos financeiros ociosos são parcialmente consumidos pela inflação.

- ➢ Imobilizado = A empresa aumentou seus investimentos em máquinas e equipamentos, possivelmente na expectativa de incremento de vendas. Esse fato faz com que se depreenda que a empresa possivelmente está em processo de aumento de produção.

- ➢ Clientes = Os valores a receber das vendas a prazo aumentaram também no período, do que se depreende um possível aumento de vendas.

- ➢ Estoques = O aumento das vendas está ratificado com um aumento dos estoques.

- ➢ Empréstimos, fornecedores e financiamentos = A empresa aumentou seu endividamento e compras com fornecedores, possivelmente em função do aumento das vendas.

Quanto à DRE teríamos a seguinte situação:

DRE	Base	20X13 $	Índice	20X14 $	Índice	20X15 $	Índice	20X16 $
Receita bruta de Vendas	100	373.730	115,3	430.979	127,4	475.949	124,7	465.948
(–) Deduções de vendas	100	– 76.767	116,3	– 89.295	127,6	– 97.949	132,4	– 101.645
Receita Líquida de Vendas	100	**296.963**	115,1	**341.684**	127,3	**378.000**	122,7	**364.303**
(–) Custo dos Produtos Vendidos	100	– 223.967	114,1	– 255.467	130,9	– 293.274	125,6	– 281.366
Lucro Bruto sobre Vendas	100	**72.996**	118,1	**86.217**	116,1	**84.726**	113,6	**82.937**
Despesas Comerciais	100	– 33.078	103,3	– 34.172	124,1	– 41.046	115,7	– 38.269
Despesas Administrativas	100	– 26.130	117,2	– 30.621	134,2	– 35.059	128,4	– 33.557
Despesas Financeiras Líquidas	100	– 18.479	3,6	– 663	341,4	– 63.085	72,5	– 13.405
Outras Receitas Operacionais	100	2.942					1.553,10	45.693
Resultado Operacional Líquido	100	**– 1.749**	1.287,00	**20.761**	3.114,00	**– 54.464**	2.481,40	**43.399**
(+–) Resultado não Operacional	100	4.410	8,1	357	8,2	362	13,9	613
Resultado antes do Imposto de Renda	100	2.661	793,6	21.118	– 2.133,10	– 54.102	1.654,00	44.012
(–) Provisão Imposto de Renda	100	– 1.687	418,4	– 7.059		0		0
Lucro Líquido	100	**974**	1.443,40	**14.059**	– 5.554,60	**– 54.102**	4.518,70	**44.012**

Na avaliação da DRE percebe-se um aumento constante da receita de vendas, entretanto as deduções de vendas, tais como vendas canceladas, devolvidas etc., aumentaram mais que as vendas no período. Esse é um ponto a ser investigado pelo empreendedor. O lucro, por outro lado, teve uma variação muito acentuada em função principalmente do incremento das despesas financeiras de 20X15.

Análise Vertical

Na análise vertical é possível avaliar o "peso" de cada conta comparativamente com um total. Ou seja, por exemplo, qual é a representatividade dos estoques em relação ao ativo total? Ou ainda qual é a representatividade do lucro em relação ao volume da receita de vendas? Enfim, é possível avaliar diversos aspectos nessa análise conforme abaixo.

Comecemos pelo balanço patrimonial

Ativo	20X13		20X14		20X15		20X16	
	Índice	$	Índice	$	Índice	$	Índice	$
Disponível	0,43%	1.430	12,09%	58.995	4,02%	24.299	0,54%	2.913
Clientes	14,54%	48.804	9,72%	47.464	8,03%	48.496	10,98%	59.227
Estoques	7,13%	23.922	6,36%	31.033	5,56%	33.571	5,89%	31.761
Outros Créditos	1,01%	3.403	3,19%	15.590	5,28%	31.920	6,96%	37.573
Total Circulante	**23,10%**	**77.559**	**31,36%**	**153.082**	**22,89%**	**138.286**	**24,36%**	**131.474**
Ativo Real. L. Prazo	2,69%	9.022	4,86%	23.734	8,95%	54.075	4,19%	22.599
Investimentos	21,91%	73.560	14,07%	68.663	11,64%	70.312	13,70%	73.925
Imobilizado Líquido	52,30%	175.563	49,71%	242.659	56,52%	341.429	57,75%	311.610
Total não Circulante	**77%**	**258.145**	**69%**	**335.056**	**77%**	**465.816**	**76%**	**408.134**
Total Ativo	**100%**	**335.704**	**100%**	**488.138**	**100%**	**604.102**	**100%**	**539.608**

Passivo	20X13		20X14		20X15		20X16	
	Índice	$	Índice	$	Índice	$	Índice	$
Empréstimos	15,24%	51.147	13,29%	64.858	18,65%	112.690	24,98%	134.775
Fornecedores	7,28%	24.439	7,03%	34.320	6,86%	41.427	6,89%	37.196
Tributos a Recolher	2,37%	7.958	2,75%	13.426	2,73%	16.500	4,70%	25.360
Outras Obrigações	5,52%	18.539	2,65%	12.944	3,04%	18.361	3,25%	17.519
Total Circulante	**30%**	**102.083**	**26%**	**125.548**	**31%**	**188.978**	**40%**	**214.850**
Financiamentos	34,45%	115.658	53,58%	261.541	55,59%	335.794	43,49%	234.654
Total não Circulante	**34%**	**115.658**	**54%**	**261.541**	**56%**	**335.794**	**43%**	**234.654**
Capital Social	18,88%	63.381	12,98%	63.381	10,49%	63.381	11,75%	63.381
Reservas	16,26%	54.582	7,72%	37.668	2,64%	15.949	4,95%	26.723
Total PL	**35%**	**117.963**	**21%**	**101.049**	**13%**	**79.330**	**17%**	**90.104**
Total Passivo	**100%**	**335.704**	**100%**	**488.138**	**100%**	**604.102**	**100%**	**539.608**

Na análise vertical do balanço patrimonial, é comparado o total do ativo e do passivo com as suas respectivas contas. Por exemplo, o estoque representa 7,13% do total do ativo em 20X13.

Nesse mesmo ano, os empréstimos (15,24%) e financiamentos (34,45%) totalizam quase 50% do total do passivo. Por outro lado, o patrimônio líquido (PL), que em última análise é a riqueza dos acionistas, representa 35% do total do passivo nesse mesmo ano.

Nos anos seguintes, esse quadro se agravou com os seguintes números:

20X14 = 66,87%

20X15 = 74,24%

20X16 = 68,47%

Com essas informações, o empreendedor deveria reavaliar a política de endividamento da empresa.

Vejamos agora em relação à DRE, teríamos:

DRE	20X13		20X14		20X15		20X16	
	Índice	$	Índice	$	Índice	$	Índice	$
Receita bruta de Vendas	100%	373.730	100%	430.979	100%	475.949	100%	465.948
(–) Deduções de vendas	–20,54%	–76.767	–20,72%	–89.295	–20,58%	–97.949	–21,81%	–101.645
Receita Líquida de Vendas	**79,46%**	**296.963**	**79,28%**	**341.684**	**79,42%**	**378.000**	**78,19%**	**364.303**
(–) Custo dos Produtos Vendidos	–59,93%	–223.967	–59,28%	–255.467	–61,62%	–293.274	–60,39%	–281.366
Lucro Bruto sobre Vendas	**19,53%**	**72.996**	**20,00%**	**86.217**	**17,80%**	**84.726**	**17,80%**	**82.937**
Despesas Comerciais	–8,85%	–33.078	–7,93%	–34.172	–8,62%	–41.046	–8,21%	–38.269
Despesas Administrativas	–6,99%	–26.130	–7,10%	–30.621	–7,37%	–35.059	–7,20%	–33.557
Despesas Financeiras Líquidas	–4,94%	–18.479	–0,15%	–663	–13,25%	–63.085	–2,88%	–13.405
Outras Receitas Operacionais	0,79%	2.942	0,00%		0,00%		9,81%	45.693
Resultado Operacional Líquido	**–0,47%**	**–1.749**	**4,82%**	**20.761**	**–11,44%**	**–54.464**	**9,31%**	**43.399**
(+/–) Resultado não Operacional	1,18%	4.410	0,08%	357	0,08%	362	0,13%	613
Resultado antes do Imposto de Renda	0,71%	2.661	4,90%	21.118	–11,37%	–54.102	9,45%	44.012
(–) Provisão Imposto de Renda	–0,45%	–1.687	–1,64%	–7.059	0,00%	0	0,00%	0
Lucro Líquido	**0,26%**	**974**	**3,26%**	**14.059**	**–11,37%**	**–54.102**	**9,45%**	**44.012**

No caso da DRE, a sua composição é comparada com a receita total. Em outras palavras, é comparado em termos percentuais o total da receita com, por exemplo, as despesas comerciais ou o lucro para cada ano.

No exemplo acima é possível constatar que no ano de 20X15, as despesas financeiras dão um salto significativo em relação aos anos anteriores alcançando 13,25%, quase o dobro de 20X13. Por outro lado, as despesas comerciais permaneceram constantes entre os períodos.

Interessante perceber que o percentual da relação entre a receita bruta e o lucro líquido representa o retorno sobre a receita, ou seja, quanto por cento da receita se materializou efetivamente em lucro. Por exemplo, no ano de 20X13, para cada R$ 100 vendidos, R$ 0,26 se transformou em lucro e em 20X16, R$ 9,45 foi lucro para cada R$ 100 vendidos.

Uma outra ferramenta muito interessante é a visualização dos números analisados através da utilização de gráficos.

Nesse sentido, se formos comparar o resultado operacional líquido, as despesas e o lucro nos quatro períodos, teríamos algo do tipo:

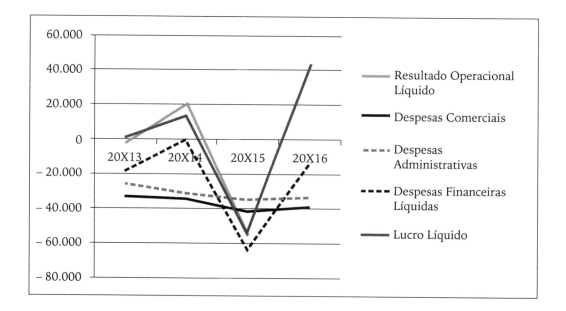

No gráfico acima fica mais evidente que o ano de 20X15 foi bem atípico para a empresa, com um aumento de todas as despesas, em especial as despesas financeiras que tiveram um forte incremento nesse ano acarretando um efeito direto no resultado operacional e, consequentemente, no resultado do período.

A visualização e comparação de contas através de gráficos são sempre mais fáceis de entender e, portanto, mais recomendável.

6.2.2 Análise de desempenho[5]

A análise da situação econômica e financeira das empresas pode ser dividida em estrutura de capital e liquidez.

A estrutura de capital evidencia de que forma a empresa está composta em relação a sua situação financeira. Em outras palavras, a estrutura de capital tenta responder qual o "equilíbrio" financeiro da empresa em relação principalmente às suas dívidas.

A liquidez, por sua vez, evidencia a situação de curto prazo em relação à disponibilidade de recursos.

A seguir veremos alguns exemplos desses indicadores. Para tanto vamos utilizar o balanço patrimonial e a demonstração do resultado do exercício apresentado no tópico anterior.

a) Estrutura de capital

1) Participação de Capital de Terceiros – PCT

Esse índice apresenta quanto a empresa utilizou de recursos de terceiros (fornecedores, empréstimos etc.) para cada $ 1,00 de recursos próprios.

Quanto menor for este indicador, melhor é a situação da empresa que dependeria menos de recursos de terceiros.

Sua fórmula de cálculo é a seguinte:

PCT = CT/PL

---

[5] A utilização de indicadores para análise de desempenho apresenta uma maior utilidade quando comparada com a média de indicadores do setor de atuação da empresa. Entretanto, mesmo quando não é possível essa comparação, o comparativo entre períodos da própria empresa também é um importante instrumento na comparação entre os períodos.

Onde:

CT – Capital de terceiros

PL – Patrimônio líquido

Aplicando a fórmula no balanço patrimonial do exemplo, teríamos:

	20X13	20X14	20X15	20X16
PCT = CT/PL	1,85	3,83	6,62	4,99

Na análise desse indicador, é possível depreender que a empresa do exemplo está muito dependente de recursos de terceiros. No ano 20X13, para cada R$ 1,00 de recursos próprios, ou seja, sem ônus, a empresa tem R$ 1,85 para pagar a terceiros. Já em 20X15, a situação está bem crítica, uma vez que para cada R$ 1,00 de recursos próprios, tem-se R$ 6,62 de capital de terceiros.

2) Composição do Endividamento – CE

Esse índice representa qual o percentual de dívidas totais da empresa que vencem no curto prazo, ou seja, até o final do ano seguinte ao fechamento do balanço atual.

Quanto menor for esse indicador, melhor é a situação da empresa no curto prazo em relação a sua composição de dívidas.

Sua fórmula de cálculo é a seguinte:

$$CE = (PC/CT) \times 100$$

Onde:

PC – Passivo circulante

CT – Capital de terceiros

Aplicando a fórmula no balanço patrimonial do exemplo, teríamos:

	20X13	20X14	20X15	20X16
CE = PC/CT	47%	32%	36%	48%

Esse indicador representa quanto a empresa tem de dívidas de curto prazo para cada R$ 100 de dívidas totais. No exemplo em questão, a empresa apresenta um endividamento de curto prazo crescente a partir de 20X14. Nesse sentido, a empresa precisaria avaliar a questão em detalhes e, se for o caso, tentar alongar suas dívidas para o longo prazo de forma a aliviar a situação no curto prazo.

b) Liquidez

1) Liquidez geral – LG

Esse indicador demonstra quanto a empresa tem de ativos para cada real de obrigações com terceiros. Esse indicador, quando menor do que 1,0, pode indicar uma possível tendência para uma situação de insolvência.

Sua fórmula de cálculo é a seguinte:

LG = (AC+ARLP)/(PC+PELP)[6]

Onde:

AC – Ativo circulante

ARLP – Ativo realizável de longo prazo

PC – Passivo circulante

PELP – Passivo exigível de longo prazo

Aplicando a fórmula no balanço patrimonial do exemplo, teríamos:

	20X13	20X14	20X15	20X16
LG = (AC+ARLP)/(PC+PELP)	0,40	0,46	0,37	0,34

Apesar da melhoria do indicador em 20X14, a situação de liquidez da empresa vem se deteriorando no período sob análise. Nesse sentido, medidas deverão ser tomadas imediatamente para tentar melhorar a situação da liquidez

---

[6] Curto prazo = até o final do ano seguinte ao fechamento do balanço; longo prazo = após o final do ano seguinte ao fechamento do balanço.

geral da empresa. Tais medidas passam necessariamente pela redução do endividamento, tanto de curto quanto de longo prazo.

2) Liquidez Corrente – LC

A liquidez corrente demonstra quanto a empresa tem de recursos de curto prazo para cada R$ 1,00 de dívidas também de curto prazo.

Quanto maior for esse indicador, melhor é a situação financeira da empresa no curto prazo, ou seja, se, por exemplo, a liquidez corrente for 1,2, representa que a empresa possui $ 0,20 de sobra para cada $ 1,00 de dívidas de curto prazo.

Sua fórmula de cálculo é a seguinte:

LC = AC/PC

Onde:

AC – Ativo circulante

PC – Passivo circulante

Aplicando a fórmula no balanço patrimonial do exemplo, teríamos:

	20X13	20X14	20X15	20X16
LC = AC/PC	0,76	1,22	0,73	0,61

Os números apresentados, exceto para o ano de 20X14 que tem um comportamento atípico conforme já demonstrado nos outros indicadores e nas análises horizontal e vertical, apontam para uma falta de recursos financeiros disponíveis no curto prazo para saldar as dívidas também de curto prazo. Em outras palavras, se a empresa conseguir realizar[7] (transformar em dinheiro) todo seu ativo circulante, não será suficiente para saldar as suas obrigações de curto prazo.

---

[7] É importante ressaltar que nos casos de liquidação ou vendas de ativos para um novo comprador, os bens raramente são realizados pelos valores apresentados no balanço patrimonial da empresa. De maneira geral, ficam sempre bem abaixo do valor registrado, o que no caso da empresa do nosso exemplo, a situação ficaria ainda mais complicada do que já está.

Outro ponto importante utilizando os conceitos de ativo circulante e passivo circulante é o chamado capital de giro.

Tecnicamente é mais correto chamar o capital de giro de capital circulante líquido (CCL) que na prática representa a diferença entre o total do ativo circulante e o total do passivo circulante da seguinte forma:

⇨ CCL = AC – PC

No nosso exemplo, teríamos os seguintes números:

	20X13	20X14	20X15	20X16
CCL = AC – PC	– 24.524	27.534	– 50.692	– 83.376

Analisando os números do CCL acima, esses ratificam a informação já obtida no índice de liquidez corrente, exceto pelo ano de 20X14, de que a empresa não dispõe de capital circulante líquido adequado para suas necessidades rotineiras de curto prazo. Fato esse muito preocupante em qualquer ramo de atividade.

3) Liquidez Seca – LS

A liquidez seca demonstra quanto a empresa tem de recursos de curto prazo, sem considerar os estoques, para cada R$ 1,00 de dívidas também de curto prazo.

Quanto maior for esse indicador, melhor é a situação financeira da empresa no curto prazo, ou seja, qual seria o desempenho da empresa se não contasse com os estoques em algum momento? Claro que quase toda empresa industrial e comercial tem nos estoques o seu maior ativo e, consequentemente, a sua ausência inviabilizaria sua atividade comercial. Entretanto, toda empresa deve considerar a possibilidade de não ter seus estoques disponíveis para venda em um período e a partir daí mensurar quanto tempo suas finanças suportam.

Sua fórmula de cálculo é a seguinte:

LS = (AC – estoques)/PC

	20X13	20X14	20X15	20X16
LS = (AC – estoques)/PC	0,53	0,97	0,55	0,46

Mesmo sem a inclusão dos estoques, na liquidez seca, a empresa não apresentou uma grande divergência em relação à liquidez corrente o que demonstra uma maior autonomia na ausência dos estoques.

6.2.3 Análise de retornos

1) Giro do Ativo – GA

Esse índice apresenta quanto a empresa converteu em vendas para cada R$ 1,00 investido pelos sócios. Em outras palavras, é o retorno em vendas dentro de um período para o total investido na empresa. Quanto maior esse indicador, melhor é o desempenho da empresa na relação aos investimentos totais e às vendas.

Sua fórmula de cálculo é a seguinte:

GA = (VL/Ativo)

Onde:

VL – Vendas líquidas

No nosso exemplo, teríamos os seguintes números:

	20X13	20X14	20X15	20X16
GA = VL – Ativo	0,88	0,70	0,63	0,68

Segundo Lins e Filho (2012, p. 168):

> Vale a pena frisar que as empresas industriais normalmente apresentam esse indicador menor do que 1; isso se deve ao fato que as empresas industriais mantêm nível de investimento em ativos, principalmente em ativos imobilizados, bem superior ao de outros ramos de atividade. Esse indicador mostra quantas vezes o ativo médio da empresa se transformou em vendas no decorrer do exercício em análise.

No exemplo da nossa empresa, o melhor desempenho foi em 20X13, com um retorno de 88%, e o pior, 20X15 com um retorno de 63%.

2) Margem Líquida – ML

A margem líquida apresenta o retorno da empresa em relação às vendas realizadas, ou seja, quanto que a empresa obteve de lucro líquido para cada R$ 100 vendidos no período. Em outras palavras, é o retorno em lucro para cada R$ 100 de vendas.

Sua fórmula de cálculo é a seguinte:

$$ML = (LL/Vendas\ Líquidas) \times 100$$

Onde:

LL – Lucro líquido

No nosso exemplo, teríamos os seguintes números:

	20X13	20X14	20X15	20X16
ML = LL/Vendas Líquidas	0,33%	4,11%	– 14,31%	12,08%

Conforme os números apresentados pela empresa, a situação não é das melhores, uma vez que o lucro líquido máximo no período foi de R$ 12,08 para cada R$ 100 de vendas líquidas efetuadas. Ressalte-se que não foi considerada nos cálculos a variação do dinheiro no tempo, ou seja, a inflação.

3) Rentabilidade do Ativo – ROI[8]

A rentabilidade do ativo ou ROI representa o retorno geral sobre o total dos investimentos na empresa, ou seja, quanto a empresa teve de retorno para cada R$ 100 investidos. É um dos principais indicadores de desempenho usado por todas as empresas, independentemente do seu porte.

Sua fórmula de cálculo é a seguinte:

$$ROI = (LL/Ativo) \times 100$$

---

[8] ROI = Return on Investiment.

Onde:

LL – Lucro líquido

No nosso exemplo, teríamos os seguintes números:

	20X13	20X14	20X15	20X16
ROI = LL/Ativo	0,29%	2,88%	– 8,96%	8,16%

A ROI da empresa do exemplo evidencia que a mesma começou com um retorno muito baixo, ou seja, para cada R$ 100 investidos em 20X13, apenas R$ 0,29 retornaram à empresa em forma de lucro. Comparando 20X14 com 20X15, essa relação caiu fortemente e voltou a melhorar em 20X16.

4) Rentabilidade do Proprietário – ROE[9]

Esse índice avalia a riqueza dos sócios da empresa medindo o retorno do lucro para cada R$ 100 inicialmente investidos e mantidos na empresa.

Sua fórmula de cálculo é a seguinte:

$$ROE = (LL/PL) \times 100$$

Onde:

LL – Lucro líquido

PL – Patrimônio líquido

No nosso exemplo, teríamos os seguintes números:

	20X13	20X14	20X15	20X16
ROE = LL/PL	0,83%	13,91%	– 68,20%	48,85%

---

[9] ROE = Return on Equity.

Mesmo com o fraco retorno em 20X13 e o péssimo desempenho de 20X15, o retorno dos acionistas em 20X14 e 20X16 é satisfatório, principalmente em 20X16, onde o retorno alcançou quase 50%.

> **Nota:**
>
> Através da ROI é possível estimar o tempo de retorno sobre os investimentos realizados pela empresa.
>
> Por exemplo, no ano de 20X13, a empresa levará 3,45 (1,00/0,29) anos para ter o retorno total dos investimentos realizados na empresa se mantidas essas condições atuais.
>
> Já no caso da ROE também é possível estimar o tempo de retorno sobre os investimentos realizados pelos acionistas.
>
> Supondo, por exemplo, se mantidas as condições do ano de 20X16, o tempo de retorno estimado para os acionistas será de 2,05 anos (1,00/0,4885).

6.3 Exercícios de fixação

a) A empresa quer um lucro de 40% na venda do seu produto que tem um custo de R$ 8.000.

Pede-se:

Qual é o preço a ser praticado pela empresa?

b) Considerando as informações abaixo, determine o preço de venda.

- Custo variável unitário relativo à matéria-prima, mão de obra direta e outros custos variáveis = R$ 100.

- Estimativa de impostos sobre vendas = 30%.

- Custo fixo rateado por unidade produzida = $ 40.

- Lucro mínimo desejado por cada produto vendido = $ 150.

c) Considerando as mesmas informações do exercício b acima, a venda foi efetuada para recebimento total em 60 dias. A taxa de juros ao mês embutida foi de 5%.

Pede-se:

Determine o preço de venda.

d) Suponhamos agora que a venda do exercício b acima tenha sido realizada a prazo, sem entrada, em três prestações fixas, uma a cada trinta dias. Mantida a mesma taxa de juros, qual seria o valor de cada prestação?

e) Considere o seguinte Balanço Patrimonial:

Em milhões

ATIVO		PASSIVO	
Circulante		**Circulante**	
Disponibilidades	200	Fornecedores	300
Cliente	1.100	Impostos a Recolher	1.800
Estoques	1.700	Empréstimos	500
Ativo Não Circulante		**Passivo Não Circulante**	
Imobilizado	1.500	Financiamentos	1.000
		Patrimônio Líquido	
		Capital	800
		Reserva de lucro	100
Total	4.500	**Total**	4.500

Pede-se:

1. Qual é o capital circulante líquido da empresa?

2. As dívidas da empresa estão equilibradas? Justifique.

3. É possível supor que a empresa está atrasando suas contas. Quais?

f) Considere as demonstrações abaixo e faça o que se pede:

DRE – 2014 – em milhões

Vendas	3.756	100%
Custo dos produtos vendidos	– 2.453	– 65%
Depreciação	– 490	– 13%
Lucro antes dos juros e impostos	813	**22%**
Juros	– 613	– 16%
Lucro tributável	200	5%
Imposto de renda (34%)	– 68	– 2%
Lucro Líquido	**132**	**4%**

Balanço Patrimonial – em milhões

Ativo	2013	AH	AV	2014	AH	AV
Caixa	120	100	2,0%	88	– 26,7%	1,5%
Clientes	224	100	3,7%	192	– 14,3%	3,2%
Estoques	424	100	7,1%	368	– 13,2%	6,1%
Total circulante	**768**	100	**12,8%**	**648**	**– 15,6%**	**10,8%**
Instalações e equipamentos (líquidos)	5.228	100	87,2%	5.354	2,4%	89,2%
Total não circulante	**5.228**	100	**87,2%**	**5.354**	2,4%	**89,2%**
Total dos Ativos	**5.996**	100	**100%**	**6.002**	**0,1%**	**100%**
Passivo						
Fornecedores	124	100	2,1%	144	16,1%	2,4%
Impostos a pagar	1.412	100	23,5%	1.039	– 26,4%	17,3%
Total circulante	**1.536**	100	**25,6%**	**1.183**	**– 23,0%**	**19,7%**
Empréstimos	1.804	100	30,1%	2.077	15,1%	34,6%
Total não circulante	**1.804**	100	**30,1%**	**2.077**	**15,1%**	**34,6%**
Capital social	300	100	5,0%	300	0,0%	5,0%
Reserva de Lucros	2.356	100	39,3%	2.442	3,7%	40,7%
Total Patrimônio Líquido	**2.656**	100	**44,3%**	**2.742**	**3,2%**	**45,7%**
Total do Passivo	**5.996**	100	**100%**	**6.002**	**0,1%**	**100%**

Pede-se:

1) Analise e comente os números das variações horizontal e vertical.

2) Calcule os índices necessários para cada ano.

3) Faça um relatório detalhado sobre a situação da empresa.

7

ENTENDENDO CONTROLES INTERNOS E AUDITORIA INTERNA

Objetivos do capítulo

O objetivo deste capítulo é apresentar uma visão geral a respeito da importância de controles internos eficientes e da auditoria interna.

Quando o empresário tem apenas um estabelecimento e cuida diária e pessoalmente do seu negócio, não há muita necessidade de controles muito rígidos, uma vez que a sua presença por si só já é um eficiente inibidor de possíveis tentativas de fraudes. Além disso, quaisquer outras questões fora da normalidade são resolvidas direta e prontamente pelo próprio dono.

Entretanto, quando o empresário tem uma ou mais atividades além das suas atribuições na empresa e precisa distribuir tempo e atenção entre elas ou ainda quando já possui filiais e/ou outros negócios, torna-se imperioso a implantação e manutenção de controles internos e, em alguns casos, dependendo do número de filiais e/ou das complexidades/peculiaridades das suas gestões, até mesmo uma auditoria interna se faz fundamental.

7.1 Controles internos

Controle interno é um processo integrado e operado pela empresa como um todo, com a intenção de fornecer *razoável segurança* tanto às atividades administrativas quanto às operacionais, de forma a diminuir principalmente as possibilidades de desvios de ativos (fraudes), desobediência às normas internas, bem como de erros não intencionais.

Note-se que na definição do parágrafo acima grifamos a expressão "razoável segurança". A intenção do grifo é chamar a atenção porque não existem controles internos infalíveis e, portanto, à prova de falhas!

Os controles são muito eficientes até o momento em que ocorre um conluio entre os empregados ou entre esses e terceiros de fora da empresa. Ou seja, quando funcionários se juntam, geralmente com a participação de outros elementos externos à empresa, no sentido de desviar bens da empresa, que são ou possam ser convertidos fácil e imediatamente em dinheiro.

Nesse sentido, de maneira geral, os controles internos têm função mais educativa e preventiva do que propriamente punitiva, no sentido de que permite ao possível fraudador a certeza que sempre poderá ser descoberto de alguma forma, cedo ou tarde, e aí sim, devidamente punido desde a demissão simples, até um processo penal, passando ainda pela justa causa.

Os princípios básicos dos controles internos são:

1. A responsabilidade deve ser explicitamente determinada e por escrito.

Além dos seus atributos e/ou experiência profissionais que levaram à sua contratação e para os quais a empresa espera usufruir, todos os funcionários precisam saber quais são as suas responsabilidades e as consequências dos seus atos. Esse conhecimento deve ser efetuado por escrito. Algo semelhante a uma "cartilha" a qual o funcionário recebe no seu primeiro dia ou no máximo na primeira semana de trabalho. Essa atitude simples pode evitar desculpas "esfarrapadas", tão na moda na nossa política recente. Coisas do tipo:

– Eu não sabia!

Ou pior ainda:

– Ninguém me avisou que era assim...

Além disso, podem-se evitar possíveis problemas futuros no tocante à apuração de responsabilidades em demandas judiciais.

2. Segregação de funções

A segregação de funções é um princípio de controle interno fundamental e de simples aplicação. Nesse princípio, um funcionário não pode ter diversas funções que possibilitem, por exemplo, que o mesmo possa receber uma mercadoria comprada para revenda, dar entrada no estoque e, posteriormente, efetuar o pagamento no caso de compras a prazo.

Nesse sentido, no exemplo apresentado, no mínimo, um funcionário recebe mercadoria, confere a quantidade recebida com o pedido e a correspondente nota fiscal e dá o "OK"; outro funcionário reconfere os valores e dá o "OK" e a entrada no estoque. Um terceiro funcionário efetua o reconhecimento da dívida revisando o documento e avalizando o registro efetuado pelo funcionário anterior e um quarto funcionário ou o próprio empresário autoriza o pagamento, após reconferir os documentos e as respectivas assinaturas dos funcionários anteriores envolvidos no processo.

A ideia básica da segregação de função é que quanto mais pessoas envolvidas no processo, mais caro e arriscado e, por conseguinte, mais difícil se torna para o fraudador.

Mais caro porque envolve mais pessoas que também vão querer lucrar com a fraude e mais arriscado porque se um dos partícipes se arrepender ou de última hora resolver não participar mais, todos podem ser denunciados/descobertos.

Por outro lado, ressalte-se que a segregação de função deve ser utilidade de forma a não deixar o processo lento, comprometendo a sua fluidez e agilidade.

3. Uso de confirmações extracontábeis

Confirmação extracontábil é aquela que transcende os registros contábeis, ou seja, é uma verificação extra.

Uma contagem física dos estoques, caixa e/ou demais bens da empresa é um exemplo desse princípio de controle interno. Outro exemplo é o empresário solicitar diretamente a clientes e/ou fornecedores que esses confirmem os seus valores a pagar (clientes) e a receber (fornecedores) da empresa.

No caso das contagens físicas, um ponto importante a ser ressaltado é que todos os funcionários tenham ciência de que a contagem poderá ser efetuada a qualquer momento e o empresário deve efetivamente criar uma rotina dessas contagens. Por exemplo, para o caixa, uma vez por semana, em dias e horários alternados, sempre sem aviso-prévio. Para os estoques uma vez por mês ou até trimestralmente. No caso das máquinas, móveis e utensílios, ferramentas etc., uma vez por ano, no mínimo.

Em quaisquer dos casos uma contagem será sempre efetuada, obrigatoriamente, no final do ano para a comparação com o valor apresentado pelos números da contabilidade de forma a apurar e efetuar os devidos ajustes, se necessários.

7.1.1 Controles internos por áreas

A seguir são apresentados alguns exemplos de controles internos específicos para aplicação em determinadas áreas:

=> Para Bancos:

✓ Conciliação bancária[1]

Conciliação bancária consiste em identificar e explicar as possíveis divergências entre o saldo dos registros contábeis da empresa (livro razão) e o saldo do banco (extrato bancário). Em tese, o saldo da empresa deve sempre ser igual ao saldo existente no banco. Entretanto, é muito comum, por exemplo, um cheque emitido e não compensado, uma tarifa bancária cobrada e não registrada pela contabilidade da empresa, um depósito na conta-corrente não identificado e principalmente: uma retirada e/ou um pagamento não autorizado. Portanto, a elaboração e utilização rotineira da conciliação bancária é um excelente instrumento de controle das disponibilidades da empresa.

Nesse sentido, todo mês, no mínimo, o empresário deve elaborar ou solicitar ao seu contador essa conciliação para análise.

A seguir segue um exemplo simplificado de uma conciliação bancária.

---

[1] A conciliação bancária é muito importante para controle das finanças da empresa. É tão importante, que a auditoria externa não abre mão da sua existência para avaliação do nível de confiança nos controles internos para o estabelecimento do volume de testes a serem aplicados.

Data: 31/3/1963

Saldo Extrato	Cheques pendentes	Depósitos em trânsito	Depósitos não identificados	Tarifas bancárias	Saldo Razão
2.850	– 1.350	1.200	– 200	45	2.545

Conforme já comentado, a análise da conciliação bancária consiste em explicar todas as divergências entre o saldo do extrato fornecido pelo banco e o saldo da contabilidade fornecido pelo razão.

Por exemplo, no caso dos cheques pendentes é preciso verificar primeiro se foi efetivamente emitido pela empresa; segundo, se o tempo compreendido entre a data da emissão e a data atual está razoável.

No caso de depósitos não identificados, esses deverão ser verificados pelo valor e data para saber, por exemplo, se se trata de depósito efetuado por um cliente que, por algum motivo, não usou o boleto bancário para efetuar o pagamento ou se é um simples erro do banco. De qualquer forma é uma situação que precisa ser sempre muito bem esclarecida.

A mesma análise é efetuada no caso de débitos na conta-corrente, como, por exemplo, tarifas bancárias entre outros valores cobrados pelos bancos para se saber da sua pertinência ou não. Se o banco ofereceu a isenção de tarifas da conta e/ou do cartão de crédito e, posteriormente, efetua essa cobrança sem comunicar oficialmente à empresa, esta divergência é evidenciada na conciliação bancária.

=> Para Estoques:

- ✓ Contagem Física
- ✓ Controle de entradas e saídas

Independentemente do tamanho dos estoques da empresa, é importante, pelo menos uma vez por ano, efetuar uma contagem física geral dos estoques para confrontar com os registros da contabilidade. O ideal, conforme já comentado anteriormente nas confirmações extracontábeis acima, é efetuar a contagem mais de uma vez por ano, principalmente para estoques de alto valor de venda.

Em teoria, ao multiplicar a quantidade dos itens identificados na contagem pelos seus respectivos custos de aquisição,[2] esse resultado será rigorosamente igual ao registrado na contabilidade da empresa. Se houver divergências, três possibilidades devem ser consideradas: erro na contagem, erro nos registros por ocasião das entradas ou saídas dos itens no estoque ou ainda saídas não autorizadas (furtos).

O controle sobre os acessos à área dos estoques, bem como rigorosos controles de entradas e saídas de materiais são importantes para uma melhor gestão de estoques.

Outro controle muito utilizado pelas empresas para os estoques é a classificação ABC. Essa classificação consiste em separar os estoques em grupos. No grupo A ficam os produtos mais caros. No grupo B, os produtos intermediários e no grupo C, os mais baratos. Aplicando essa classificação, todos os produtos do grupo A apresentam controles bem mais rigorosos que os demais com contagem física em alguns casos, semanal ou até mesmo diária. Os demais conforme a disponibilidade da empresa. Em qualquer caso conforme já comentado, sempre, no mínimo, uma vez por ano.

=> Para Compras e Fornecedores:

- ✓ Trabalhar apenas com fornecedores cadastrados.

- ✓ Sistema de autorizações de compras conforme demanda dos estoques.

- ✓ Acompanhamento de vencimentos para evitar multas e/ou interrupção no fornecimento.

Como já diziam os antigos sábios, uma boa venda começa sempre por uma boa compra. Além disso, estoques altos e/ou de baixa rotação representam dinheiro ocioso. A empresa deve buscar trabalhar sempre com um estoque suficiente para suas atividades operacionais: sem excessos ou faltas. Nesse sentido, uma correta rotina de compras é fundamental para que não se compre nenhuma mercadoria que possua um giro baixo.

---

[2] No preço dos estoques são considerados além do preço da nota fiscal propriamente dita, também o frete e o seguro, caso pagos pela empresa compradora. No caso de empresas prestadoras de serviços ou comerciais, o IPI constante nas notas fiscais é considerado também custo de aquisição.

Manter um cadastro de fornecedores atualizado é muito interessante para a empresa de forma a que se tenha certeza de que seus fornecedores atenderão no mínimo a alguns requisitos básicos para que se mantenham como fornecedores cadastrados.

Outro ponto importante é que caso as compras não sejam executadas pelo próprio empreendedor, é verificar rotineiramente, além das quantidades adequadas se os valores estão compatíveis com compras anteriores e principalmente com os valores de mercado.

Em resumo, as compras devem ser muito bem controladas.

=> Para Vendas e Clientes:

✓ Acompanhamento de pós-venda

De forma aleatória, a empresa deve escolher alguns clientes para avaliar a correção das vendas e negociações efetuadas. Por exemplo, um vendedor, na ânsia de efetuar a venda e garantir a sua comissão, pode se comprometer com o cliente de entregar o bem vendido em um prazo que é sabido por toda a empresa como impossível.

É importante também que toda a equipe de venda tenha ciência desse procedimento de avaliar as vendas efetuadas e das consequências de uma venda efetuada fora dos padrões estabelecidos pela empresa.

Outro ponto importante é analisar detalhadamente as compras canceladas ou devolvidas. A investigação das causas desses eventos pode ser muito útil na prevenção futura desses casos.

=> Para Folha de pagamentos:

✓ Controle dos horários de entradas e saídas, se possível, eletronicamente através da digital.

✓ Avaliação constante da necessidade de horas extras.

Horários são para serem cumpridos. Assim, controles sobre entrada e saída são fundamentais para o bom andamento da empresa.

Em algumas atividades, principalmente aquelas de cunho intelectual, como por exemplo, de criação, não necessitam de controles rigorosos de horários.

Nesses casos, os controles são efetuados por tarefas concluídas, dentro de prazos predeterminados e com a utilização de banco de horas.

Outro ponto é avaliar o volume de horas extras. Se essas são pagas de forma constante e rotineira, é necessário avaliar a possibilidade da contratação de mais funcionários. Por dois motivos básicos: o aumento do custo de cada funcionário em função das horas extras, bem como o possível desgaste e, por conseguinte, redução do desempenho dos funcionários que trabalham além do expediente normal.

Uma opção interessante a ser estudada é a implantação de banco de horas em todas as circunstâncias e não apenas em tarefas mais de criação.

7.2 Auditoria interna

Quando a empresa cresce com diversas filiais e/ou diversos ramos de atuação, torna-se fundamental a implantação de uma auditoria interna.

Auditoria interna é o processo conduzido por funcionário da própria empresa na qual a auditoria é executada, porém com autonomia e independência em relação aos demais setores da empresa. Reporta-se diretamente à presidência ou ao conselho de administração da empresa. Envolve a avaliação de desempenho, controles internos, sistemas de computação/informação, qualidade de serviços e produtos etc.

A auditoria interna busca de maneira geral e constante a identificação de não conformidades, prevenção e/ou detecção de falhas de operação e discrepâncias nas atividades administrativas, possibilitando maior confiabilidade das informações geradas, de forma a garantir a salvaguarda dos ativos da empresa.

São diversos tipos de auditoria interna, tais como:

✓ Contábil

A auditoria contábil tem como função principal a salvaguarda dos ativos da empresa, ou seja, a proteção dos bens da empresa contra furtos. Nesse sentido, o seu foco principal concentra-se no aprimoramento e manutenção de controles internos eficientes e eficazes.

Exemplos: (1) o inventário físico dos estoques e caixa; (2) conciliação bancária.

Entendendo controles internos e auditoria interna **131**

✓ Operacional

A auditoria operacional tem como função principal a eficácia/eficiência do processo operacional da empresa. Busca, em última análise, melhorar a relação custo *versus* benefício dentro das atividades da empresa.

Exemplos: (1) identificação e mensuração das perdas no processo produtivo; (2) análise das variações nos custos operacionais.

✓ De *Compliance*

A auditoria interna de *compliance* visa a correta observância pela empresa das normas e regulamentos internos. É muito comum em bancos e instituições financeiras em geral.

Seu trabalho consiste principalmente na análise de documentos para a constatação se todas as normas da empresa foram rigorosamente observadas.

Exemplo: observância da adequação e devidas conferências em contratos.

✓ De Sistemas

Atualmente, tudo passa por computadores. Nesse sentido, a auditoria interna de sistemas consiste em avaliar a segurança e acuracidade das informações prestadas pela empresa. Segurança no sentido de que, por exemplo, em caso de um incêndio, todas as informações estarão preservadas ou ainda na manutenção de bloqueios para evitar o ataque de *hackers* e/ou acesso a informações confidenciais. E acuracidade no sentido da precisão das informações geradas pelo sistema de informática.

Exemplos: (1) *backup* diários das operações realizadas pela empresa; (2) testes a respeito de cálculos, principalmente em relação às demonstrações contábeis, relatórios gerenciais, impostos e folha de pagamento.

✓ Tributária

A auditoria interna tributária tem como função principal a verificação da correta apuração, cálculo e pagamento dos tributos da empresa. O objetivo é evitar problemas futuros com cálculos errados e também evitar pagamentos com atrasos e, por conseguinte, as multas inerentes. Outro ponto que pode ser atribuído à auditoria interna tributária é a elisão fiscal. Elisão fiscal é a busca de "brechas" rigorosamente dentro da legislação vigente de forma a proporcionar uma redução da carga tributária. Ou seja, é a busca dentro da lei de uma redução nos tributos pagos. Aqui cabe um comentário. Só se aventure na contestação de tributos se estiver muito seguro de que vai lograr êxito na empreitada. Na dúvida, faça os devidos depósitos em juízo para evitar possíveis demandas financeiras posteriores ao processo.

Exemplos: (1) conferência dos cálculos dos impostos; (2) acompanhamento constante e preciso das mudanças na legislação de forma a verificar possíveis reduções de impostos.

É importante ressaltar também que toda empresa precisa de controles internos. Entretanto, esses controles não podem ter uma rigidez tão contundente que possa afetar a fluidez das atividades internas da empresa. Por exemplo, não tem cabimento atrasar uma venda e/ou uma entrega porque o funcionário que assina a saída da mercadoria não veio trabalhar ou está atrasado. Nesse sentido, é importante um equilíbrio entre a rigidez dos controles internos e a fluidez do processo operacional da empresa.

7.3 Exercícios de fixação

a) Os controles internos de uma empresa abrangem diversas áreas. Um exemplo de controle interno contábil é:

1) controle de qualidade;

2) treinamento de pessoal;

3) análise da lucratividade;

4) conciliação bancária;

5) análise de tempos e movimentos.

b) Os controles internos podem ser classificados como preventivos ou detectivos, dependendo do objetivo e do momento em que são aplicados. Observe os controles apresentados a seguir:

a – segregação de funções;

b – limites e alçadas;

c – autorizações;

d – conciliações bancárias;

e – avaliações de desempenho.

Pede-se:

Identifique os controles detectivos e preventivos.

c) Assinale certo (C) ou errado (E). Para as sentenças consideradas erradas, aponte qual o erro.

1. ( ) A auditoria interna deve realizar testes nos controles internos e modificá-los quando julgar necessário.

2. ( ) Os controles visam, em última análise, inibir a ocorrência de fraudes. Nesse sentido, o inventário físico anual é um controle preventivo fundamental contra possíveis tentativas de fraudes.

3. ( ) A auditoria interna tem como função principal avaliar se as atividades desenvolvidas pela empresa estão em conformidade com as suas normas internas.

d) Para cada área abaixo descrita, identifique possíveis controles internos:

1) Caixa

2) Bancos

3) Estoques

4) Fornecedores

8

ESTUDOS DE CASOS

Objetivos do capítulo

O objetivo deste capítulo é apresentar estudos de casos para a aplicação prática dos conceitos e informações apresentados ao longo do livro. São estudos de casos com situações e empresas fictícias e divididos conforme os capítulos do livro.

Nesse sentido, ressaltamos que quaisquer semelhanças com pessoas ou casos reais terá sido mera coincidência.

8.1 Planejamento de negócios (Capítulos 1 e 2)

Caso 1

> João e Maria são noivos. João tem 38 anos e Maria tem 30 anos. João é bancário e trabalha na parte administrativa de um grande banco de varejo e Maria trabalha como auxiliar de contabilidade em um pequeno escritório no Centro da Cidade. João tem a Faculdade de Administração incompleta e Maria tem o curso Técnico em Contabilidade. Maria é excelente cozinheira e muito elogiada por amigos e parentes, sendo eventualmente convidada por amigos para fazer almoços e jantares finos, com os quais reforça o seu orçamento. João está muito preocupado com o seu emprego, pois o seu banco

comprou outro grande banco e está passando por uma forte reestruturação e com muitos remanejamentos, transferências para outras cidades e demissões, muitas demissões, principalmente com aqueles funcionários com mais tempo de casa como é o caso de João. Em uma conversa entre eles, pensaram na possibilidade de abrir um restaurante, já que Maria era excelente cozinheira e ele poderia administrar o negócio com a sua experiência bancária. Começaram então, na medida do possível, nos finais de semana, a pesquisar em jornais e pelas redondezas das suas casas, já que ambos moravam em bairros adjacentes. Na casa de Maria, localizada quase em frente a uma estação do trem, no subúrbio do Rio de Janeiro, tinha uma pequena garagem que é utilizada como depósito de todo tipo de coisas: bicicletas, máquina de lavar quebrada, material de pintura, sobras de tintas etc. Enfim, todo tipo de lixo. Ao lado tinha uma casa com um terreno grande onde Maria tinha visualizado e sonhado com um lindo restaurante de comidas naturais, com mesas com toalhas brancas e flores, luz nas árvores, uma parte coberta e outra descoberta. A ideia era fazer a cozinha na garagem depois de ampliada e que teria uma abertura para a casa vizinha. Enfim, o seu belo restaurante natural!

João já pensava em algo no Centro da cidade ou em um *shopping* no subúrbio. No levantamento dos recursos que dispunham, totalizaram R$ 20.000, sem contar com uma ajuda dos pais de Maria em aproximadamente R$ 10.000 e a possível indenização do banco em caso de demissão de João que seria algo em torno dos R$ 50.000 até R$ 70.000.

Pede-se:

Oriente o casal na realização do seu sonho!

Pontos que deverão ser abordados nessa análise:

Custos de abertura da empresa; Viabilidade do negócio; Escolha do local; Planejamento; Orçamento de custos.

Caso 2

João tem um sonho de abrir seu próprio salão de cabeleireiros. Já atua na área há mais de 20 anos e é considerado pelos seus pares e clientes um excelente cabeleireiro, já tendo atendido, inclusive, algumas celebridades, mas não consegue ficar no mesmo emprego por muito tempo. O seu tempo médio de permanência é de 1 a 2 anos. O maior tempo que permaneceu no mesmo emprego é o atual onde trabalha há pouco menos de 3 anos em um salão num bairro nobre de São Paulo. A sua justificativa para a não permanência por mais tempo nos empregos é a sua personalidade forte. Entretanto, comenta-se que um dos principais problemas de João é ser fumante contumaz, necessitando constantemente sair do salão e ir até a rua para fumar, o que ocorre, pelo menos 10 vezes durante o dia, com ou sem movimento no salão.

Decidido a juntar dinheiro para o seu negócio, além de atender durante a semana no salão, trabalha também aos domingos, atendendo em domicílio. Procura economizar tudo o que pode e já possui cerca de R$ 40.000 na caderneta de poupança.

Sua intenção é alugar uma loja dentro de uma pequena galeria próxima a sua casa no bairro de Santana, mas o aluguel está alto já que a loja está em excelente condição, precisando de poucos ajustes nas paredes, além, claro, da colocação de espelhos e obras para os lavatórios.

Tem outra opção bem mais em conta no mesmo bairro, numa loja em frente a um ponto de ônibus muito movimentado, onde já funcionou uma loja de calçados. Essa loja está precisando de diversos reparos. A sala tem infiltrações, banheiro precário, pintura interna e externa deterioradas, pichações e principalmente na porta de aço externa que tem sinais de danos e ferrugem.

Em materiais, tais como cadeiras, espelhos, equipamentos, bancadas, capas, carrinhos, ar-condicionado João estima que gastará cerca de R$ 35.000.

Quanto às obras, João estima ainda que precisará de cerca de R$ 15.000 para a loja da galeria e de R$ 30.000 a R$ 40.000 para a loja de rua. Na sua experiência em outros salões, sabe que sempre as estimativas de custos de obras são sempre inferiores ao custo real final.

O aluguel da loja na galeria é R$ 5.500, com o condomínio incluso e da loja de rua, R$ 1.500 e não tem condomínio, apenas uma "taxa" cobrada a todos os comerciantes pela "segurança" do local de R$ 120 mensais.

Para qualquer uma das lojas, João espera atender em média 40 clientes por dia, entre cortes, escovas, unhas (pé e mão) etc. Com um tíquete médio de R$ 125 por cliente, o que totalizaria se atingido o movimento esperado, algo em torno de R$ 5.000 por dia. Contando 22 dias por mês, seriam alcançados cerca de R$ 110.000 mensais. Para atender essa média de clientes, João estima que precisaria de mais dois cabeleireiros e quatro manicures, o que, segundo seus cálculos, gerariam um custo mensal de cerca de R$ 8.000 entre salários e encargos trabalhistas. João faz questão de pagar todos os direitos trabalhistas e um salário pouco acima do mercado.

Pede-se:

Oriente o João na realização do seu sonho!

Pontos que deverão ser abordados nessa análise:

Custos de abertura da empresa; viabilidade do negócio; escolha do local; planejamento; orçamento de custos, projeção de resultados. Cenários: pessimista, esperado e otimista.

Caso 3

Três amigos de longa data, Claudinho, Luizinho e Raimundinho, todos funcionários antigos de uma grande instituição financeira, resolvem abrir uma empresa. A intenção é reduzir o *stress* e aumentar a qualidade de vida, já que a pressão por metas insanas de novos clientes e investimentos está prejudicando a todos. A ideia do trio é montar uma loja de roupas e equipamentos para surfistas, como roupas e pranchas, por exemplo. Os amigos dispõem de cerca de R$ 40.000 cada para investir no negócio.

A primeira questão a ser resolvida é quanto será necessário de dinheiro para iniciar o negócio. Claudinho afirma que só de estoque para revenda serão necessários no mínimo cerca de R$ 80.000, e só para começar! Raimundinho afirma também que serão necessários de R$ 5.000 a R$ 8.000 para a abertura e legalização da empresa. Luizinho sugeriu esperar definir o local e as obras necessárias para saber com uma melhor precisão o valor do investimento inicial do negócio. Nesse sentido, foram listadas quatro opções de locais no Rio de Janeiro:

a) Zona sul

A loja fica em uma movimentada rua paralela à praia, perto de um restaurante médio e em frente a uma academia de ginástica famosa. A rua é movimentada, pois possui diversos prédios residenciais e comerciais. A loja é bem pequena, não comportando o estoque mínimo que Claudinho esperava contar. O aluguel mensal é de R$ 10.500. São exigidas também "luvas" de R$ 20.000 para um contrato de cinco anos renováveis. A loja precisa de reformas, principalmente no banheiro e no teto onde há diversas marcas de infiltrações, além, claro, da pintura nas paredes e a colocação de prateleiras. As reformas foram estimadas em aproximadamente R$ 35.000.

b) Recreio dos Bandeirantes

A loja do Recreio é dentro de um *shopping* distante cerca de três quilômetros da praia e com acesso fácil de ônibus. Localiza-se no segundo andar, é ampla e perto da praça de alimentação, que por sua vez é próxima aos cinemas. O aluguel é de R$ 12.000, mais o condomínio de cerca de R$ 2.100. A loja só precisava de uma pintura e poucos reparos. Luizinho já conhece o *shopping* e afirma que o movimento é bem fraco. De fato, na visita do trio, era possível perceber que havia poucas pessoas circulando e as lojas estavam vazias com os vendedores conversando ou vendo televisão. Notava-se, inclusive, três lojas fechadas, com tapumes nas portas. As reformas foram estimadas entre R$ 8.000 e R$ 15.000. Uma vantagem da loja era o amplo estacionamento.

c) Zona norte

Na zona norte a loja era bem grande, inclusive com um pé direito bem alto o que dava para colocar, por exemplo, pranchas penduradas como decoração. A localização era na rua principal do bairro, próxima a um grande mercado popular com movimento intenso de pessoas. Tinha ainda uma pequena rodoviária, a cerca de 1 quilômetro de distância. O aluguel era de R$ 3.000. A loja precisava apenas de uma pintura, interna e externa, uma pequena reforma nos dois banheiros e a troca do piso de cerâmica que estava muito gasto principalmente na parte central da loja. As reformas foram estimadas em aproximadamente R$ 50.000.

d) Centro

A loja do Centro é a menor de todas e está localizada em uma rua perpendicular à rua principal. Ao lado tem um banco e do outro um restaurante. A rua é pequena, com uma faculdade nas proximidades. Na loja funcionava uma papelaria e está em bom estado, precisando apenas de uma pintura interna e o conserto da porta de aço que está sem segurança e bem deteriorada. O preço do aluguel é de R$ 8.500 e são exigidas luvas de R$ 25.000 para um contrato de cinco anos renováveis por mais cinco anos. As reformas foram estimadas em aproximadamente R$ 20.000.

Segundo as expectativas de Luizinho, o tíquete médio e receitas totais estimadas por local era o seguinte:

- ✓ Zona sul
  - Tíquete médio = R$ 400
  - Receita prevista = R$ 88.000

- ✓ Recreio
  - Tíquete médio = R$ 380
  - Receita prevista = R$ 52.800

- ✓ Zona norte
  - Tíquete médio = R$ 250
  - Receita prevista = R$ 55.000

- ✓ Centro
  - Tíquete médio = R$ 350
  - Receita prevista = R$ 61.600

Pede-se:

1) Os amigos devem efetuar o investimento?

2) Se sim, qual a melhor loja?

Pontos que deverão ser abordados nessa análise:

Custos de abertura da empresa; viabilidade do negócio; local; planejamento; orçamento de custos, projeção de resultados. Cenários: pessimista, esperado e otimista.

8.2 Contabilidade e tributos (Capítulos 3 e 4)

Caso 1

A empresa OS Ltda. foi constituída em 1º/6/X14 com um capital social de R$ 50.000, integralmente integralizado/depositado no banco Alfa na mesma data.

Em 31/12/X14, o contador apresentou o seguinte balanço patrimonial e demonstração do resultado:

Ativo			Passivo		
Circulante			**Circulante**		
Caixa/Bancos	$ 10.000		Fornecedores	$ 5.000	
Clientes	$ 1.000		Empréstimo	$ 8.000	$ 13.000
Não Circulante			**Não Circulante**		
Máquinas	$ 43.000		Financiamentos		$ 6.000
Total do Ativo		**$ 54.000**			
			Patrimônio Líquido		
			Sócias (Capital)	$ 50.000	
			Prejuízo	− $ 15.000	$ 35.000
			Total do Passivo		**$ 54.000**

DRE	$
Receita Bruta de Vendas	220.000
(–) Impostos sobre vendas	– 33.000
(–) Cancelamentos e devoluções	– 87.000
(=) Receita Líquida de Vendas	100.000
(–) Custo da Mercadoria Vendida	– 50.000
(=) Lucro Bruto	40.000
(–) Despesas de Vendas/Administrativas	– 12.000
(–) Despesas Financeiras Líquidas	– 43.000
(=) Resultado Antes dos Impostos	– 15.000
(–) Provisão para IR e CSLL	0
(=) Lucro ou Prejuízo Líquido do Exercício	**– 15.000**

O proprietário da empresa estranhou o prejuízo e não entendeu como pode ter prejuízo de R$ 15.000 e R$ 10.000 em dinheiro em caixa.

Pede-se:

1) Ajude o proprietário respondendo à pergunta:

   É possível essa situação de prejuízo no ano e dinheiro em caixa?

2) Analisando apenas o balanço e a DRE, sem nenhuma outra informação, o que poderia estar acontecendo para a ocorrência desse prejuízo?

3) Com base nas demonstrações apresentadas, que sugestões poderiam ser efetuadas para melhorar o desempenho da empresa?

Caso 2

O Sr. Joca, junto com mais dois sócios, constituíram em 1º/1/X15 uma empresa de confecção de lingerie. O balanço inicial nessa data era composto da seguinte forma:

Ativo	R$	Passivo	R$
Circulante		Patrimônio Líquido	
Bancos	300.000	Capital	300.000
Total	300.000	Total	300.000

Durante o mês foram feitas as seguintes operações:

- Compra a vista de um pequeno caminhão para entregas = R$ 80.000

- Compra a prazo de matéria-prima = R$ 50.000

- Compra de máquinas de costura a vista = R$ 30.000

- Compra e instalação de aparelhos de ar-condicionado a vista = R$ 10.000

Pede-se 1:

Após cada uma das operações acima, elabore um novo balanço patrimonial.

Durante o segundo mês foram realizadas as seguintes operações:

- Com o uso de toda a matéria-prima foram elaboradas 100.000 unidades que foram vendidas por R$ 4 cada, a prazo.

- A folha de pagamento e os encargos do mês totalizaram R$ 30.000 e é toda formada pelas costureiras.

- Um dos sócios, com recursos da empresa, comprou por R$ 50.000 a vista um carro para o filho que havia passado no vestibular.

- Pagamento da compra a prazo da matéria-prima comprada no mês anterior.

Pede-se 2:

Após cada uma das operações acima, elabore um novo balanço patrimonial e a demonstração do resultado do exercício.

Durante o terceiro mês foram realizadas as seguintes operações:

- Compra a vista de matéria-prima = R$ 50.000

- Compra a vista de uma nova máquina = R$ 30.000 paga por um dos sócios com um cheque pessoal.

- Recebimento de 40% das vendas a prazo.

Pede-se 3:

Após as operações acima, elabore um novo balanço patrimonial.

Pede-se 4:

Após os pede-se 2 e 3, comente as operações efetuadas pela empresa.

8.3 Custos (Capítulo 5)

Caso 1

A empresa Minerva Ltda. fabrica diversos componentes para indústria automobilística. Por muito tempo atuou sem grandes concorrentes que pudessem de alguma forma causar algum transtorno no seu volume de vendas. Em decorrência desse fato e do excelente relacionamento com os seus principais clientes, notadamente os mais antigos, seus preços dificilmente eram contestados.

A empresa não dispunha de um departamento de custos e a contabilidade fazia apenas a apuração do custo mensal para fins fiscais e emitia um demonstrativo do fluxo de caixa que na maioria das vezes era concluído na segunda quinzena do mês seguinte.

Tradicionalmente o preço de venda dos produtos sempre foi calculado considerando o custo da matéria-prima acrescido de 150%.

Nos últimos dois anos duas empresas concorrentes com porte semelhante à Minerva entraram no mercado e uma terceira, multinacional de grande porte, está em fase de implantação, com previsão de entrada em funcionamento no máximo em dois anos.

Preocupado com esses fatos o dono, Sr. José, que centraliza todas as decisões da empresa, contratou seus serviços para uma reestruturação geral com intuito de obter informações gerenciais necessárias para fazer frente a essa nova realidade.

A empresa não tinha um organograma formal, mas informalmente era constituída da seguinte maneira:

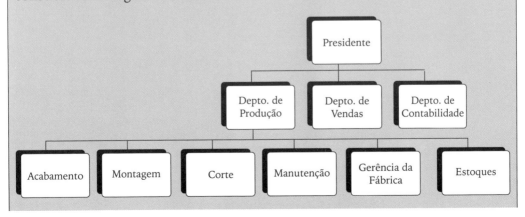

Os produtos e a composição de custos são os seguintes:

Custo de MP Produtos	Consumo de MP (kg)	Custo por kg ($)	Produção e Venda anuais
A	10	50,0	2000
B	15	50,0	400
C	20	30,0	2500
D	35	35,0	1500
E	6	32,0	2100
F	25	25,0	1570
G	11	20,0	750
H	12	15,0	1200
I	8	12,0	1700
J	8	75,0	1950

Custo de MOD Produtos	Consumo MOD (H)	Custo por h ($)	Produção e Venda anuais
A	4,5	18,0	2000
B	4	18,0	400
C	3	15,0	2500
D	2	21,0	1500
E	15	25,0	2100
F	2,5	21,0	1570
G	12	21,0	750
H	3	18,0	1200
I	17	15,0	1700
J	13	20,0	1950

Os custos indiretos de fabricação, todos fixos, totalizavam $ 6.500.000 anuais e o seu rateio é feito com base no consumo de matéria-prima.

Pede-se:

a) Que sugestões você daria para melhorar a estrutura operacional e administrativa da empresa de formar e fazer frente à nova realidade do mercado?

> b) Determine, através da elaboração de uma DRE, o resultado anual da empresa. Considere que as despesas totalizavam no período $ 600.000.
>
> c) Qual o melhor produto considerado da empresa?

Caso 2

> Segue-se a demonstração de resultado da Regional Ltda.
>
> Demonstração de Resultado em 30 de junho de 2X14
>
> | | |
> |---|---|
> | Vendas | $ 750.000 |
> | (–) Custos e despesas variáveis | 336.000 |
> | (=) Margem de contribuição | 414.000 |
> | (–) Despesas fixas | 378.000 |
> | (=) Lucro líquido | $ 36.000 |
>
> A administração está decepcionada com o desempenho da companhia e quer saber o que pode ser feito para aumentar os lucros. Examinando os registros das vendas e dos custos, foi apurado o seguinte:
>
> a) A companhia está dividida em dois territórios de vendas – Norte e Sul.
>
> O Território Norte registrou, em junho, vendas de $ 300.000 e custos e despesas variáveis de $ 156.000; os demais custos e despesas variáveis foram registrados pelo território Sul. As despesas fixas identificáveis dos territórios Norte e Sul são, respectivamente, de $ 120.000 e $ 108.000. O restante das despesas fixas é comum aos dois territórios;
>
> b) A companhia vende dois produtos – A e B – cujas vendas, em junho, no Território Norte, totalizaram, respectivamente, $ 50.000 e $ 250.000. Os custos e despesas variáveis correspondem a 22% do

preço de venda do A e 58% do preço de venda do B. Os registros de custos revelam que das despesas fixas do território Norte, $ 30.000 são identificáveis do A e $ 40.000 são identificáveis do B. Sendo o restante comum aos dois. Pede-se:

1. Elabore relatórios de resultado por segmento, primeiro apresentando a decomposição do total da companhia pelos territórios e, em seguida, a decomposição do território Norte por linha de produto. Apresente as colunas referentes à companhia e de cada segmento.

2. Quais os pontos revelados pelo relatório que devem ser levados à atenção da administração? Você acha que uma das divisões deve ser eliminada?

3. Analise o demonstrativo segmentado do território Norte por linha de produto. Quais os pontos revelados pelo relatório que devem ser levados à atenção da administração? Você acha que um dos produtos deve ser eliminado?

Fonte: *Gestão de custos.* 2. ed. São Paulo: Atlas, 2013.

8.4 Gestão financeira (Capítulo 6)

Caso 1

A empresa Touro Sentado Ltda. fabrica máquinas agrícolas e está reexaminada sua política de vendas para o Centro-Oeste em função do forte incremento na produção de soja e algodão. A ideia inicial é proporcionar aos agricultores, principalmente aos pequenos e médios, a possibilidade da compra de máquinas com um longo prazo. Os prazos inicialmente estudados seriam 24, 36 e 48 meses e os juros cobrados seriam os seguintes:

24 meses – 3,5% a.m.

36 meses – 5% a.m.

48 meses – 7% a.m.

O quadro a seguir demonstra os quatro tipos de máquinas, as respectivas produções e os custos variáveis da empresa:

Máquinas	Volume	Custos Variáveis
A	1.100	250
B	2.250	400
C	1.300	300
D	500	450

A empresa tem intenção de alocar as seguintes margens de lucro:

A – 70% B – 50% C – 40%

D – 100%

Os custos fixos totalizam R$ 5.000.000 e foram rateados com base no consumo de custos variáveis. As despesas administrativas totalizam R$ 350.000. A empresa paga 2,5% de comissão sobre o preço de venda.

Pede-se:

a) Determine o custo total de cada produto;

b) Determine o preço a vista de cada produto;

c) Determine o preço de cada prestação por produto.

Fonte: *Gestão de custos.* 2. ed. São Paulo: Atlas, 2013.

Caso 2

Utilizando-se do balanço patrimonial do exercício findo em 31 de dezembro de 20X16 abaixo, aplique as técnicas de análise e estrutura de balanço de forma a responder às questões de letras **a** a **h**.

Ativo R$		Passivo R$	
Circulante	**723.000**	**Circulante**	**635.000**
Caixa	25.000	Salário a Pagar	45.000
Bancos	75.000	Imposto a Recolher	340.000
Aplicações Financeiras	103.000	Fornecedor	250.000
Clientes	335.000		
Estoques	185.000		
Não circulante	**425.000**	**Não circulante**	**148.000**
Títulos a Receber	75.000	Financiamento BNDES	148.000
Veículos	45.000	**Patrimônio Líquido**	**365.000**
Máquinas e Equip.	105.000	Capital	100.000
Móveis e Utensílios	200.000	Reservas de Capital	15.000
		Lucro Acumulado	250.000
Total do Ativo	**1.148.000**	Total do Passivo	**1.148.000**

Demonstração do resultado RS

Vendas líquidas	350.000
Custos das vendas	(110.000)
Despesas operacionais	(80.000)
Lucro líquido	**160.000**

a. A participação de capitais de terceiros é de:

(A) 0,13.

(B) 0,36.

(C) 0,55.

(D) 0,65.

(E) 0,68.

b. A participação do capital próprio na estrutura de capital é de:

(A) 0,08.

(B) 0,10.

(C) 0,32.

(D) 0,48.

(E) 0,87.

c. A imobilização do Patrimônio Líquido é de

(A) 85%.

(B) 87%.

(C) 94%.

(D) 96%.

(E) 98%.

d. O índice de liquidez geral é de

(A) 1,02.

(B) 1,08.

(C) 1,12.

(D) 1,21.

(E) 1,40.

e. O índice de liquidez corrente é de

(A) 0,85.

(B) 0,97.

(C) 1,12.

(D) 1,14.

(E) 1,20.

f. O índice de liquidez seca é de

(A) 0,45.

(B) 0,55.

(C) 0,65.

(D) 0,75.

(E) 0,85.

g. A rentabilidade do ativo dessa empresa é de

(A) 0,09.

(B) 0,12.

(C) 0,14.

(D) 0,20.

(E) 0,21.

h. O giro do ativo dessa empresa é de

(A) 0,30.

(B) 0,35.

(C) 0,40.

(D) 0,42.

(E) 0,51

Fonte: Adaptado de *Fundamentos e análise das demonstrações contábeis*: uma abordagem interativa. São Paulo: Atlas, 2012.

8.5 Auditoria e controles internos (Capítulo 7)

Caso 1

O hospital DOR Suprema S.A. é uma *holding* de capital fechado com diversas unidades pelo Estado com um faturamento bruto anual de cerca de 90 milhões de reais. A empresa pretende reestruturar a sua área de controles internos.

Em visita efetuada na principal unidade hospitalar do grupo percebeu-se um grande fluxo de pessoas e diversas filas na emergência tanto para o registro inicial da consulta quanto aguardando o atendimento médico. Uma visão muito semelhante a hospitais públicos de grande porte, fato esse que preocupava a administração central do hospital. Nas conversas iniciais com o *controller* e a auditoria interna, ambos reclamaram da falta de pessoal que estava comprometendo a qualidade dos trabalhos.

Nos fundos das suas instalações notou-se muito lixo hospitalar armazenado de forma imprópria. Os fundos do hospital eram separados de um terreno baldio por um muro de cerca de dois metros.

Notou-se também que todos os extintores estavam sem manutenção há cerca de dois anos.

O local da farmácia possui uma grade tipo sanfona e uma porta de madeira que ficava constantemente aberta. As solicitações de medicamentos são sempre assinadas pelo responsável pela farmácia. A empresa faz contagem física da farmácia no final do ano, por ocasião do fechamento do balanço.

Todo processo de compras relativo à farmácia é realizado pelo diretor financeiro, funcionário há mais de vinte anos da empresa e homem de confiança do principal sócio. O diretor financeiro também era responsável pela autorização e pagamento de todas as contas da empresa, inclusive da folha de pagamento.

O hospital apresenta cerca de 40% de glosas (devoluções de pagamentos em função de erros técnicos ou administrativos) no seu faturamento e há uma grande rotatividade de funcionários, notadamente da parte administrativa.

Na parte da contabilidade, verificou-se que o hospital não dispõe de conciliação bancária mensal, sendo feita também apenas no final do ano por ocasião do fechamento do balanço anual.

Pede-se:

Apresente as críticas da situação atual e possíveis soluções para melhorar os controles internos do hospital.

Caso 2

O Sr. Juca é o proprietário da empresa industrial Belém Ltda. Quando não está viajando, costuma ir à empresa uma ou duas vezes por semana, normalmente para pegar algum dinheiro com o gerente financeiro. A empresa fabrica diversos artefatos de aço e alumínio utilizados principalmente nas indústrias da construção civil e naval. A empresa nunca tinha feito inventário físico do seu estoque. Entretanto, neste ano, intrigado com a forte queda do seu lucro, o Sr. Juca resolveu efetuar a contagem física dos estoques. Nesse sentido, nos dois inventários físicos realizados no ano em curso foram constatadas diferenças a menor em diversos produtos no estoque que perfizeram um prejuízo total de cerca de R$ 800.000. Ainda durante o inventário físico, foram constatados produtos já baixados do estoque e que estavam separados para venda como sucata, mas que aparentemente apresentavam-se em bom estado de conservação. Além dos problemas de furtos no estoque, alguns clientes reclamaram que seus pedidos tinham sido entregues com divergências, seja na quantidade – sempre faltando –, seja no tipo de produto solicitado. Tais fatos acarretaram mais prejuízos para a empresa que se via obrigada a reenviar as quantidades faltantes aos clientes e/ou a troca de produtos ou ainda o cancelamento da venda. Toda parte financeira ficava a cargo do gerente financeiro, Sr. José, que trabalha com Juca desde o início. José é responsável por todas as licitações, recebimentos dos estoques e pagamentos aos fornecedores. A contabilidade é terceirizada em um escritório do irmão do Sr. José. Orientado por um amigo, Juca solicitou a contador a conciliação bancária dos últimos seis meses. Para surpresa de Juca, o contador informou que não fazia a conciliação bancária há cerca de quatro anos por solicitação do gerente financeiro, já que qualquer conciliação era cobrada a parte. Nas correspondências recebidas, Juca constatou duas notificações bancárias relativas a empréstimos não pagos e ainda outra correspondência de um fornecedor alegando atraso no pagamento das últimas três faturas.

Pede-se:

Apresente as críticas da situação atual e possíveis soluções para melhorar os controles internos da empresa.

REFERÊNCIAS

ANDRADE, Eurídice S. Mamede; LINS, Luiz dos Santos; BORGES, Viviane Lima. *Contabilidade tributária*: um enfoque prático nas áreas federal, estadual e municipal. São Paulo: Atlas, 2013.

LINS, Luiz dos Santos; FILHO, José Francisco. *Fundamentos e análise das demonstrações contábeis*: uma abordagem interativa. São Paulo: Atlas, 2012.

SILVA, Raimundo Nonato Sousa Silva; LINS, Luiz dos Santos. *Gestão de custos*: contabilidade, controle e análise. 3. ed. São Paulo: Atlas, 2014.

Site do Sebrae. Disponível em: <http://www.sebrae.com.br/momento/quero-abrir-um-negocio/vou-abrir/registre-empresa/formalize/bia-14/BIA_14>. Acesso em: 6 jan. 2014.

Formato	17 x 24 cm
Tipografia	Iowan 11/15
Papel	Alta Alvura 90 g/m² (miolo)
	Supremo 250 g/m² (capa)
Número de páginas	168
Impressão	Edições Loyola

Cole aqui

Sim. Quero fazer parte do banco de dados seletivo da Editora Atlas para receber informações sobre lançamentos na(s) área(s) de meu interesse.

Nome: _____

_____ CPF: _____ Sexo: ○ Masc. ○ Fem.

Data de Nascimento: _____ Est. Civil: ○ Solteiro ○ Casado

End. Residencial: _____

Cidade: _____ CEP: _____

Tel. Res.: _____ Fax: _____ E-mail: _____

End. Comercial: _____

Cidade: _____ CEP: _____

Tel. Com.: _____ Fax: _____ E-mail: _____

De que forma tomou conhecimento deste livro?

□ Jornal   □ Revista   □ Internet   □ Rádio   □ TV   □ Mala Direta

□ Indicação de Professores   □ Outros: _____

Remeter correspondência para o endereço: ○ Residencial   ○ Comercial

Indique sua(s) área(s) de interesse:

○ Administração Geral / Management
○ Produção / Logística / Materiais
○ Recursos Humanos
○ Estratégia Empresarial
○ Marketing / Vendas / Propaganda
○ Qualidade
○ Teoria das Organizações
○ Turismo
○ Contabilidade
○ Finanças

○ Economia
○ Comércio Exterior
○ Matemática / Estatística / P. O.
○ Informática / T. I.
○ Educação
○ Línguas / Literatura
○ Sociologia / Psicologia / Antropologia
○ Comunicação Empresarial
○ Direito
○ Segurança do Trabalho

Comentários

_____

_____

_____

Corte aqui

Empreendedorismo / Lins

ISR-40-2373/83

U.P.A.C Bom Retiro

DR / São Paulo

CARTA - RESPOSTA
Não é necessário selar

O selo será pago por:

01216-999 - São Paulo - SP

ENDEREÇO:
REMETENTE: